Blum/Friedmann
Trainingslehre

promos verlag

TRAININGSLEHRE

Sporttheorie für die Schule

12. Auflage

Ingeborg Blum
Dr. Karl Friedmann

promos verlag, Pfullingen

Trainingslehre
Sporttheorie für die Schule

Verfasser:
Ingeborg Blum, Studiendirektorin, 72762 Reutlingen, Hermann-Ehlers-Straße 40 und
Dr. Karl Friedmann, Studiendirektor, 79194 Gundelfingen, Burgstraße 6

Vom Cornelsen Verlag Schwann-Girardet wurde freundlicherweise der Abdruck folgender Aufgaben genehmigt: Nr. 48, 49, 50.

Als Schulbuch zugelassen für Gymnasien.

ISBN 978-3-88502-006-6

promos verlag GmbH, Verlag und Versandbuchhandel,
Wackersteinstraße 5, 72793 Pfullingen,
Telefon 0 71 21 / 79 98 62, Telefax 0 71 21 / 79 01 35
www.promosverlag.de

Zeichnungen: S. 80, 81, 83 Peter Zipfel, Kirchzarten
Umschlag: Vincent Mosch, Reutlingen
Druck: Steinmeier, Nördlingen

VORWORT

Nach dem Beschluss der Kultusministerkonferenz müssen die Leistungskurse sportwissenschaftliche Teile enthalten. "Insbesondere sind die Bereiche Sportbiologie, Trainings- und Bewegungslehre, Sportsoziologie und Sportpsychologie zu behandeln. Im theoretischen Unterricht ist ein enger Bezug zum sportpraktischen Unterricht herzustellen. (...) Für Schüler, die Sport als 4. Prüfungsfach wählen (ausgenommen Baden-Württemberg), sollten die Inhalte der Sporttheorie vorrangig den Bereichen Trainings- und Bewegungslehre entnommen werden".
(Einheitliche Prüfungsanforderungen im Fach Sport - Beschluss der KMK vom Juni 1977)

Durch die Gliederung des Leistungsfaches (teilweise auch der Grundkurse) in Theorie und Praxis ist für die Sporttheorie ein zeitlich enger Rahmen gesetzt, der es notwendig macht, die Lehrplaninhalte konsequent auf diese Vorgabe abzustimmen.

Die Autoren haben versucht, die in allen Lehrplänen der verschiedenen Bundesländer vorgeschriebene Unterrichtseinheit **Trainingslehre** kurz und verständlich darzustellen.

Drei Probleme waren im wesentlichen zu lösen:

1. Aus der terminologischen Vielfalt der Trainingswissenschaft ein schülergerechtes und möglichst widerspruchsfreies Konzept zu entwickeln.
2. Das teilweise komplizierte biologische Hintergrundwissen so zu vereinfachen, dass es auch für Nichtbiologen anwendbar ist.
3. Den großen Umfang an wissenschaftlichen Ergebnissen und Kenntnissen zu reduzieren und so zu strukturieren, dass die Lehrplaninhalte in der zur Verfügung stehenden Zeit unterrichtet werden können.

Erfahrungen aus dem Unterricht und den zentralen Abituraufgaben wurden in die neue Auflage eingearbeitet und in einzelnen Fällen die Inhalte von Graphiken, Tabellen und Text aufeinander abgestimmt.
Unser Dank gilt allen Kolleginnen und Kollegen, die unsere Arbeit durch Anregungen unterstützt haben.

2002

Ingeborg Blum
Dr. Karl Friedmann

INHALT

ALLGEMEINE GESETZMÄSSIGKEITEN DES TRAININGS

Training als Anpassungsvorgang (Adaptation)

Nach längerer Ruhepause kann die erste Reckstunde sehr schnell beendet sein, wenn die empfindliche Haut an den Händen den Belastungen nicht gewachsen ist. Hat man die Unterrichtseinheit mit einiger Vorsicht unverletzt überstanden, lassen sich Hornhautverdickungen und Schwielenbildung feststellen. Die Haut der Handfläche hat sich angepasst und kann den Belastungen wesentlich besser standhalten. Nach einigen Wochen ohne Reckturnen sind die Anpassungen wieder verschwunden.

Die Fähigkeit zur Anpassung ist ein Grundphänomen aller Lebewesen. Deshalb ist es möglich, durch Training (Belastung des Körpers) funktionelle Anpassungen auszulösen.

Allen Anpassungsvorgängen liegen die gleichen Gesetzmäßigkeiten zugrunde.

1. QUALITÄTSGESETZ (Physiologisches Gesetz)

Spezifische Reize bewirken spezifische Anpassungsreaktionen.

Anpassung hat nur dann einen Sinn, wenn der Körper durch seine Anpassungsreaktionen in die Lage versetzt wird, den jeweiligen spezifischen Anforderungen besser gewachsen zu sein. Roux hat dies schon 1881 als Physiologisches Gesetz folgendermaßen formuliert:
"Die stärkere Funktion ändert die qualitative Beschaffenheit der Organe, indem sie die spezifische Leistungsfähigkeit derselben erhöht''.

So werden z.B. durch Reckturnen Schwielen an den Handflächen gebildet. Durch kurze Belastungen mit hoher Intensität wird die Kraft und durch längere Belastungen mit geringerer Intensität die Ausdauer verbessert. Diese Beispiele zeigen, dass die Art des Reizes eindeutig die Form der Anpassung bestimmt.

2. HOMÖOSTASE, SUPERKOMPENSATION

Zwischen Belastung und Anpassungsreaktionen des Körpers besteht ein dynamisches Gleichgewicht (Homöostase). Die durch erhöhte Belastung ausgelösten Wiederherstellungsvorgänge verbessern das Leistungsniveau über den Ausgangswert hinaus (Superkompensation).

Wird die Homöostase durch einen Reiz gestört, so versucht der Körper, ein der veränderten Situation entsprechendes Gleichgewicht herzustellen. Die nach der

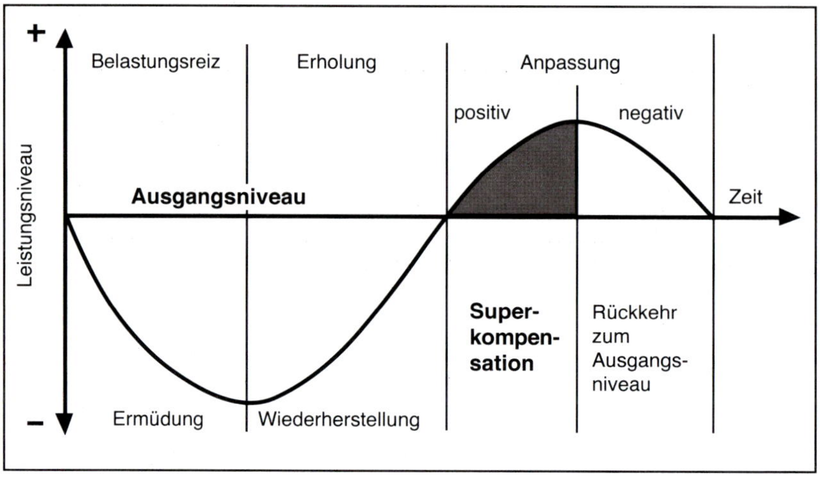

Abb. 1: Verlauf der Belastungs- und Anpassungsreaktionen .

Ermüdung einsetzenden Wiederherstellungsprozesse zielen darauf ab, die belasteten Teilsysteme vor einer erneuten Ermüdung zu schützen. Dies wird dadurch erreicht, dass die Wiederherstellungsprozesse über das Ausgangsniveau hinausgehen (Superkompensation).

Die Superkompensation ist die Grundlage für alle Funktions- und Leistungssteigerungen.

Ist die Pause bis zum nächsten Belastungsreiz zu lang, bildet sich aufgrund der Homöostase das Leistungsniveau wieder zurück: negative Anpassung. Ohne Reckturnen oder vergleichbare Belastungsreize für die Handflächen bilden sich die Schwielen zurück. Muss ein Bein eingegipst werden, nimmt die Funktionsfähigkeit der Muskeln schnell ab.
Erholung und Superkompensation können bei den einzelnen Teilsystemen verschieden schnell ablaufen, dies muss vor allem für die Pausen zwischen den einzelnen Belastungseinheiten beachtet werden (siehe Abb. 2).
Die Geschwindigkeit der Wiederherstellungsprozesse ist abhängig vom Trainingszustand und der Belastungsart. Bei Spitzenathleten können sich die Zeiten für Erholung und Superkompensation auf die Hälfte reduzieren. Nach Grosser (1986) können bei mittelmäßig Trainierten folgende Richtzeiten für Erholung und Superkompensation angenommen werden: Nach Kraft- oder Schnelligkeitstraining etwa 72 Stunden (Abb. 2 Kurve 3), nach einem Ausdauertraining etwa 36 Stunden (Abb. 2 Kurve 2).
Durch verschiedene Maßnahmen wie z.B. Ernährung, ausreichender Schlaf, aktive

Erholung mit dynamischer Muskelarbeit, Massage usw. kann die Erholung beschleunigt werden.

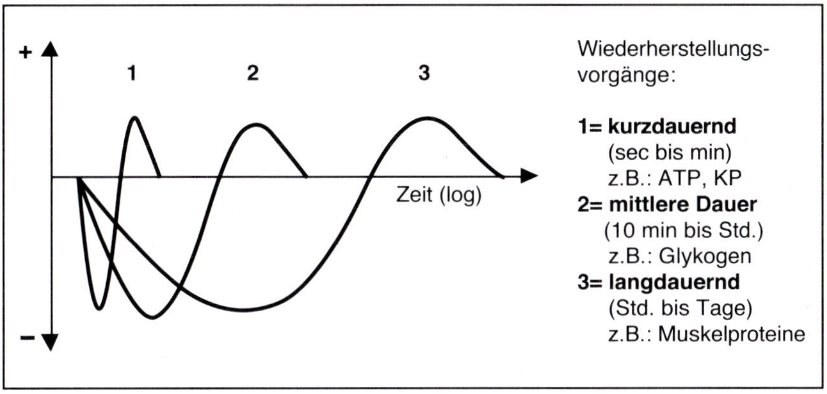

Abb. 2: Unterschiedlicher Verlauf von Erholung und Superkompensation (verändert nach Findeisen 1980, 212).

3. REIZSCHWELLENGESETZ

Eine Superkompensation wird nur dann erreicht, wenn eine kritische Reizschwelle überschritten wird.

Liegt der Trainingsreiz unter der kritischen Reizschwelle, erfolgt keine Anpassung.

Beim Untrainierten liegt die Reizschwelle bei etwa 30%, beim Hochtrainierten bei etwa 70% des jeweiligen Leistungsvermögens.[1] Diese starke Erhöhung der relativen Reizschwelle im Hochleistungsbereich beruht darauf, dass ein großer Teil der Anpassungsprozesse allein für die Erhaltung des hohen Leistungsniveaus notwendig ist.
Zu hohe Reize führen entweder zur direkten Schädigung, z.B. Kreislaufkollaps, oder zu einem Absinken des Leistungsniveaus (siehe S. 14).
Der menschliche Körper besitzt allerdings Schutzmechanismen, die in der Regel eine Überbelastung verhindern (siehe Abb. 3).
Durch Training kann die Mobilisationsschwelle um 20% erhöht werden. Die aus den oben genannten Gründen für das Training sehr wichtige Belastungsdosierung wird mit Hilfe der Belastungskomponenten Intensität, Dichte, Dauer, Umfang und Trainingshäufigkeit in einem Belastungsgefüge festgelegt (siehe S. 11).

[1] Angaben gelten für Maximalkrafttraining vgl. Hollmann/Hettinger 1980, 119

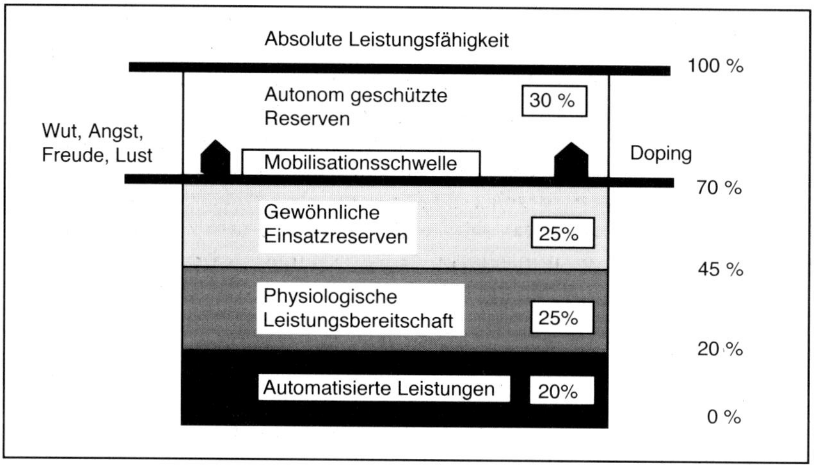

Abb. 3: Die menschliche Leistungsfähigkeit (bezogen auf Kraft und Ausdauer) in Prozent .

4. VERLAUF DER LEISTUNGSENTWICKLUNG

Mit zunehmender Leistungsfähigkeit wird trotz eines größeren Trainingsaufwandes der Leistungszuwachs immer geringer.

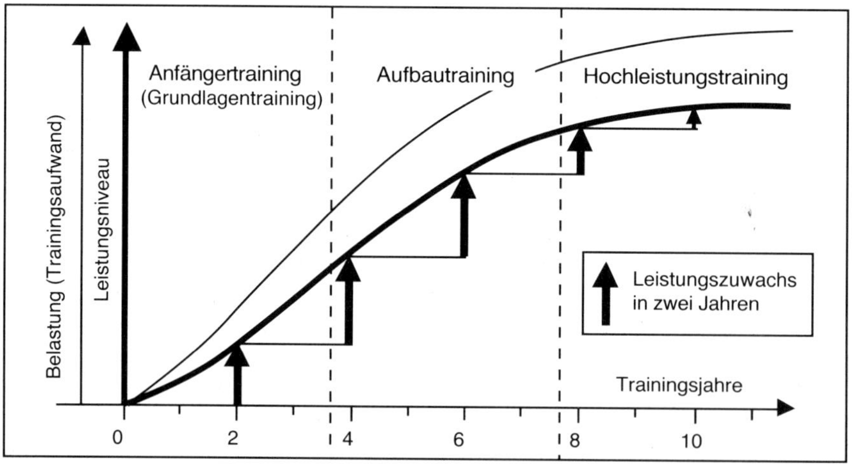

Abb. 4: Leistungsentwicklung und Trainingsbelastung.
— : Leistungsniveau; — : Belastung

Der Leistungszuwachs verläuft trotz zunehmender Spezialisierung und Erhöhung der Belastungsreize nicht linear. Bei Anfängern ist der Leistungszuwachs selbst bei geringem Trainingsaufwand sehr hoch. Auch im Aufbautraining sind Belastungserhöhungen immer noch effektiv und bewirken eine deutliche Verbesserung des Leistungsniveaus. Im Bereich des Hochleistungstrainings hingegen können selbst höchste Belastungsreize nur noch eine geringe Zunahme des Leistungsvermögens bewirken. Im Grenzbereich der Leistungsfähigkeit bewegt sich der Athlet auf einem sehr schmalen Weg zwischen positiver und negativer Anpassung. Durch die sehr hohe Belastung können die abbauenden Vorgänge so verstärkt werden, dass der Organismus in seinen aufbauenden Prozessen überfordert ist. Diesen Zustand bezeichnet man als Übertraining.

5. ANPASSUNGSFESTIGKEIT

Ein langfristig aufgebautes Leistungsniveau ist wesentlich stabiler als ein kurzfristig aufgbautes Leistungsniveau.

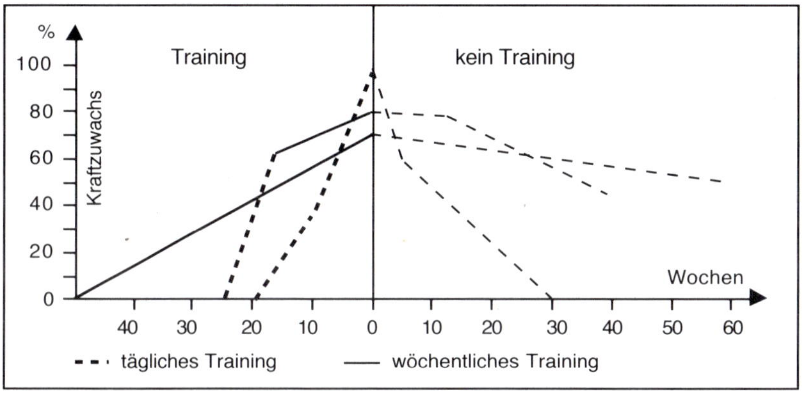

Abb. 5: Aufbaudynamik und Anpassungsfestigkeit (verändert nach Hollmann, Hettinger 1980, 240).

In Abbildung 5 sind die Ergebnisse einer Untersuchung zur Entwicklung und Stabilität des Leistungsniveaus dargestellt. Eine Versuchsgruppe konnte durch tägliches Training ihre Kraft innerhalb von 22 Wochen zwar um etwa 95% steigern, jedoch sank das Leistungsniveau ohne Training fast ebenso schnell wieder ab. In den beiden anderen Versuchsgruppen, die ihr Leistungsniveau über einen längeren Zeitraum durch wöchentliches Training wesentlich langsamer aufgebaut hatten, nimmt die Leistungsfähigkeit ohne Training nur sehr langsam ab.
Diese biologische Gesetzmäßigkeit gilt es vor allem dann zu beachten, wenn durch erhöhte Belastung Trainingsrückstände wieder aufgeholt werden sollen. Im Jugend- und Aufbautraining ist darauf zu achten, dass durch einen langsamen Aufbau des Leistungsniveaus eine stabile Leistungsgrundlage erreicht wird.

6. TRAINIERBARKEIT

Die Trainierbarkeit ist abhängig von Alter und Geschlecht.

Im Kindes- und Jugendalter sind Kraftbelastungen und anaerobe Ausdauerbelastungen von hoher Intensität zu vermeiden. Da der Bewegungsapparat noch nicht vollständig entwickelt ist, können extreme Kraftleistungen schnell zu Verletzungen und Dauerschäden führen. Im Ausdauertraining sollte die Belastungsintensität vorwiegend im aeroben Bereich liegen, da das Stoffwechselverhalten für eine anaerobe Energiebereitstellung (siehe S. 26) noch nicht geeignet ist.
Mit dem altersbedingten Abfall des Leistungvermögens - Beginn mit etwa 30 Jahren - geht natürlich auch die Trainierbarkeit zurück. Im Gegensatz zu Schnelligkeit und Kraft ist die aerobe Ausdauer jedoch bis ins hohe Alter gut trainierbar.

Die unterschiedliche Trainierbarkeit von Mann und Frau im Bereich von Kraft- und Schnelligkeitsleistungen beruht in erster Linie auf der Wirkung der Sexualhormone. Die Unterschiede werden deshalb in der Pubertät verstärkt und verringern sich im Laufe des Lebens wieder.

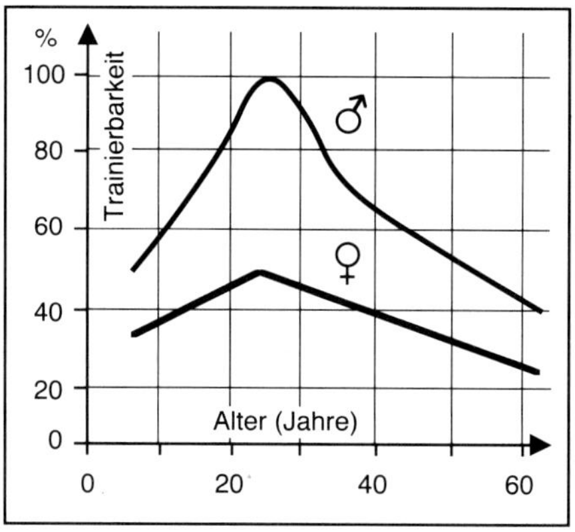

Abb.: 6: Die Trainierbarkeit der Muskulatur in Abhängigkeit von Alter und Geschlecht (verändert nach Weineck 1987, 161).

Aufgaben

1. *Versuchen Sie mit Hilfe von Erfahrungen, die Sie selbst gemacht haben, das Qualitätsgesetz zu belegen.*

2. *Erläutern Sie das Homöostasegesetz anhand einer Balkenwaage.*
Ordnen Sie den beiden Waagschalen die folgenden Begriffe zu: Training, Belastung, Leistungsniveau, Superkompensation.

3. *Interpretieren Sie den Kurvenverlauf in Abb. 4 (S. 8) mit Hilfe des Reizschwellengesetzes.*

4. *Warum ist es nicht sinnvoll, sich auf Leistungsfeststellungen im Leistungskurs nur kurzfristig vorzubereiten?*

TRAININGSPRINZIPIEN

Trainingsprinzipien sind praktisch orientierte Grundsätze für die Gestaltung des Trainings; mit ihnen versucht man, die allgemeinen Gesetzmäßigkeiten in die Trainingspraxis umzusetzen.

Eine effektive Trainingsgestaltung ist nur unter Berücksichtigung der für die Anpassungsprozesse geltenden Gesetzmäßigkeiten möglich. Aus diesem Grund sind mit Hilfe der Erfahrungen aus der Trainingspraxis eine Reihe von Prinzipien entwickelt worden. Da diesen i.d.R. jeweils mehrere Gesetzmäßigkeiten zugrunde liegen, sind sie eng miteinander verflochten. Entsprechend ihrer Aufgabe kann man sie in drei Funktionsbereiche einteilen. Im folgenden werden einige wichtige Prinzipien erläutert.

1. Prinzipien zur Auslösung der Anpassung

1.1 Prinzip des trainingswirksamen Reizes

Ein Trainingsreiz kann nur dann eine Superkompensation bewirken, wenn die Belastungskomponenten aufeinander abgestimmt sind.

Dieses Prinzip beruht auf dem Reizschwellengesetz. Die Belastungsdosierung wird durch folgende Belastungskomponenten festgelegt:

- Die **Intensität** kennzeichnet die Belastungsanforderung (Anstrengungsgrad) und wird meist in Prozent der Maximalleistung angegeben. Absolute Messgrößen sind Geschwindigkeit, Gewicht, Sprunghöhe usw.
- Die **Dichte (Pause)** beschreibt das zeitliche Verhältnis von Belastung und Erholung. In der Praxis entspricht die Dichte den Belastungspausen: Hohe Reizdichte = kurze Pause, geringe Reizdichte = lange Pause. Eine höhere Dichte erhöht die Intensität, da die Erholungszeit geringer ist.
- Die **Dauer** entspricht der Einwirkungszeit eines Einzelreizes (Übung, Strecke) oder einer Reizserie (Zahl der Wiederholungen).
- Der **Umfang** entspricht der Summe aller Einzelreize, z.B. Summe der Wiederholungen in den Serien, zurückgelegte Gesamtstrecke, Summe der bewegten Gewichte, Gesamtübungszeit.

Für eine wirksame Belastungsdosierung müssen diese Belastungskomponenten aufeinander abgestimmt sein, daraus ergibt sich das Belastungsgefüge. Die unterschiedliche Zusammensetzung des Belastungsgefüges ist charakteristisch für die verschiedenen Trainingsmethoden.

Die Wirksamkeit eines Trainingsreizes wird hauptsächlich durch die Reizintensität und den Reizumfang bestimmt. Eine Superkompensation kann nur dann ausgelöst werden, wenn sich diese beiden Belastungskomponenten umgekehrt proportional verhalten. Bei hoher Intensität muss der Umfang gering sein und umgekehrt.

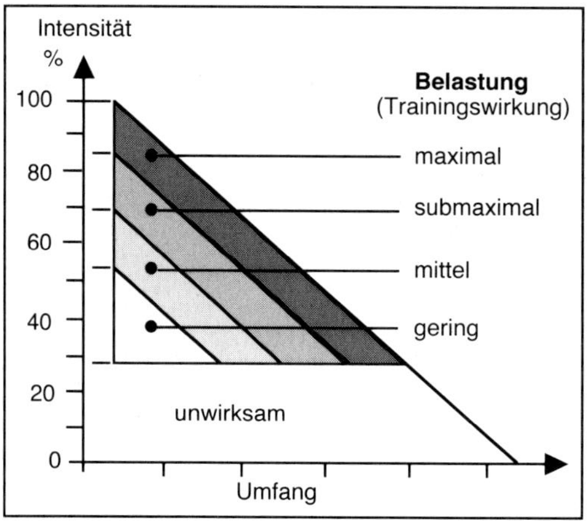

Wie Abbildung 7 zeigt, muss bei hoher Intensität ein Mindestumfang und bei hohem Umfang eine Mindestintensität zum Erreichen der Reizschwelle eingehalten werden. Lässt man wie in Tabelle 1 den Gesamtumfang konstant und verringert die Intensität durch eine Aufteilung in kürzere Teilstrecken, wird die Reizschwelle kaum noch überschritten.

Abb. 7: Möglichkeiten der Belastungsdosierung.

Umfang	Dauer (Einzelreiz)	Dichte/Pause	Intensität	Wirksamkeit
3 000 m	10 : 00 min	keine Pause	100% (5m/sec)	maximal
3 x 1 000 m	3 : 20 min	4 min	67% (5m/sec)	mittel
10 x 300 m	1 : 00 min	2 min	50% (5m/sec)	gering

Tab.1: Verschiedene Belastungsgefüge mit jeweils gleichem Umfang. Die Intensitätsangaben beruhen auf den Anforderungen an die Energiebereitstellung und nicht auf der maximalen Laufgeschwindigkeit über die jeweilige Strecke.[1]

1.2 Prinzip der progressiven Belastung

Zur Auslösung einer weiteren Leistungssteigerung muss bei einer Zunahme des Leistungsniveaus die Belastung erhöht werden.

Bleiben Trainingsbelastungen über einen längeren Zeitraum konstant, verlieren sie ihre Wirksamkeit für die Leistungssteigerung, weil die erhöhte Reizschwelle nicht erreicht wird. Eine Belastungssteigerung kann durch Erhöhung des Umfangs, der Dichte oder der Intensität erreicht werden. Im langfristigen Trainingsprozess wird dies folgendermaßen gesteuert:

[1] Berechnung von Belastungsintensitäten siehe Blödorn, W., 1982, 21 ff.

1. Erhöhung des Umfangs (längere Belastungszeit)
2. Erhöhung der Dichte (kürzere Pause)
3. Erhöhung der Intensität

Die Belastungssteigerung kann allmählich, sprunghaft oder variierend erfolgen:

- Die **allmähliche Belastungssteigerung** kommt vor allem im Nachwuchsbereich zur Anwendung, um den Bewegungsapparat und das Herz-Kreislauf-System nicht zu überfordern.
- Die **sprunghafte Belastungsteigerung** benötigt eine gute Leistungsgrundlage und wird dann angewandt, wenn eine allmähliche Belastungssteigerung keine weitere Leistungsentwicklung mehr bewirkt (z.B. Höhentraining).
- Die **variierende Belastungssteigerung** soll einer Monotonie der Trainingsbelastung und damit einer geringeren Wirksamkeit entgegenwirken. Sie wird erreicht durch eine Variation von Trainingsmitteln und Trainingsmethoden und durch Änderungen in der Bewegungsausführung (z.B. Änderung der Bewegungsgeschwindigkeit).

1.3 Prinzip der optimalen Relation von Belastung und Erholung

Ein optimaler Leistungszuwachs wird nur erreicht, wenn die neue Belastung (Trainingseinheit) zum Zeitpunkt der höchsten Superkompensation erfolgt.

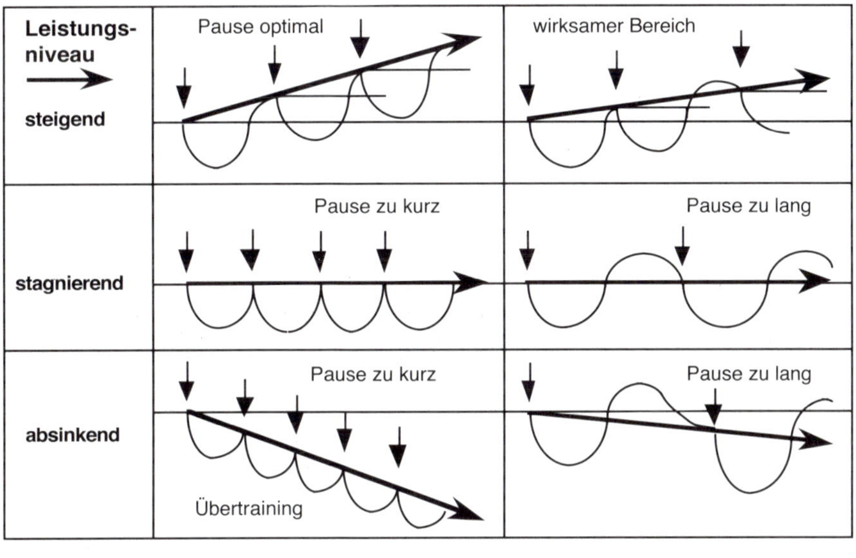

Abb. 8: Veränderung des Leistungsniveaus in Abhängigkeit von der Pausenlänge.

Dieses Prinzip ist eine direkte Anwendung des Homöostasegesetzes. Der unterschiedliche Verlauf von Ermüdung und Erholung bei den einzelnen Organsystemen und die Abhängigkeit von einer Reihe anderer Faktoren (siehe S.7) macht jedoch die Anwendung dieses Prinzips sehr schwierig. Durch Trainingstagebücher und über das subjektive Leistungsgefühl des Athleten versucht man, im Hochleistungssport die individuelle, optimale Erholungspause einzuhalten.
Da im Gesundheitssport kein maximaler Leistungszuwachs im Vordergrund steht, kann man hier als groben Richtwert eine Belastungspause von 48 Stunden einhalten (siehe Abb. 2).
Entsprechend der Pausenlänge wird das Leistungsniveau steigen, stagnieren oder absinken (siehe Abb. 8).

1.4 Prinzip der unvollständigen Erholung

Eine Ermüdung durch mehrmalige Belastungsreize in der Wiederherstellungsphase führt zu einer erhöhten Superkompensation.

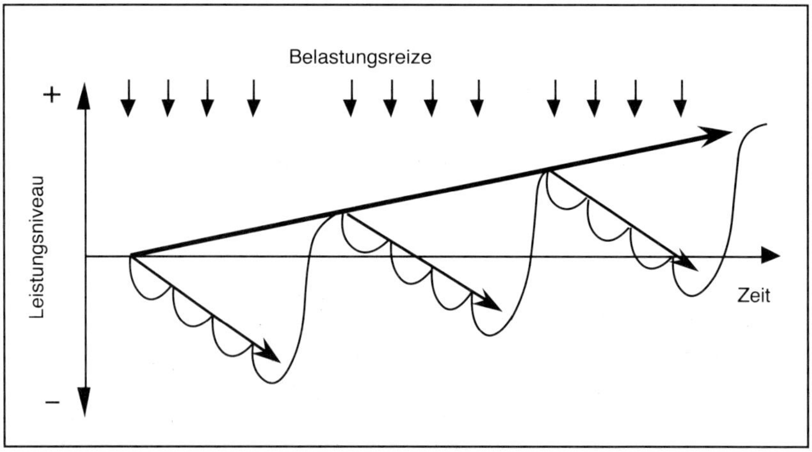

Abb. 9: Erhöhte Superkompensation durch Ermüdungsaufstockung.

Dieses Prinzip wird vor allem im Hochleistungssport zur Verbesserung der Ausdauer angewandt. Innerhalb einer Trainingseinheit werden die Belastungen so angeordnet, dass Serien mit unvollständiger Erholung aufeinanderfolgen. Aber auch im Wochentrainingsplan können die Trainingseinheiten bewusst in die Wiederherstellungsphase gelegt werden. Man spricht dann von Wochenstoßtraining. Um Übertraining zu vermeiden und eine erhöhte Superkompensation zu erreichen, muss nach einer solchen Ermüdungsaufstockung eine längere Belastungspause oder eine Pause mit reduziertem Training erfolgen.

1.5 Prinzip der wechselnden Belastung

Durch wechselnde Belastungsformen und abwechselnde Belastung einzelner Teilsysteme können gleichzeitig mehrere Leistungsfaktoren (konditionelle Fähigkeiten) verbessert werden.

Vor allem im Hochleistungsbereich mit oft zweimaligem Training pro Tag kommt es bei Missachtung dieses Prinzips schnell zum Übertraining.
Verschiedene Belastungsformen, wie z.B. Kraft-, Ausdauer- oder Koordinationstraining, belasten den Organismus unterschiedlich und erfordern auch verschiedene Zeiträume der Regeneration. So belastet z.B. ein umfangreiches Ausdauertraining besonders die Energiespeicher. Diese benötigen eine bestimmte Zeit zur Auffüllung. Wird nun während dieser Phase ein Krafttraining durchgeführt, durch das besonders die Eiweißsynthese für den Muskelaufbau aktiviert wird, ist der Organismus belastungsfähiger als bei einer Wiederholung des Ausdauertrainings.
Durch abwechselnde Belastung einzelner Teilsysteme, wie z.B. Beine, Rumpf, Arme, Herz-Kreislauf-System, Zentralnervensystem, kann eine Überbelastung ebenfalls vermieden werden (siehe Circuittraining S. 74, 79).

2. Prinzipien zur Steuerung der Anpassung

2.1 Prinzip der richtigen Belastungszusammensetzung

Die Entwicklung einer spezifischen konditionellen Fähigkeit erfordert jeweils eine spezifische Zusammensetzung des Belastungsgefüges.

Dieses Prinzip ist direkt aus dem Qualitätsgesetz abgeleitet. Zur Erläuterung folgendes Beispiel: Zwei jugendliche Sprinter mit einer Bestzeit von 12 sec über 100 m absolvieren ein unterschiedliches Trainingsprogramm (Tabelle 2). Beide laufen insgesamt 900 m, die Teilstrecken sind jedoch verschieden. Daraus ergeben sich aufgrund der unterschiedlichen Intensität verschiedene Trainingswirkungen.
A läuft neun Mal eine Teilstrecke von 100 m. Um eine frühzeitige Ermüdung zu verhindern, muss er die Geschwindigkeit reduzieren. Er verbessert vor allem die Kurzzeitausdauer (siehe S. 39). B läuft nur Teilstrecken von 60 m. Die Ermüdung ist hier wesentlich geringer, die Pausen ermöglichen eine fast vollständige Erholung. Selbst die letzte Teilstrecke kann mit fast maximaler Geschwindigkeit gelaufen werden. Dadurch ergibt sich ein relativ großer Belastungsumfang trotz hoher Intensität, so dass spezifische Anpassungen im Schnelligkeitsbereich (Schnelligkeitsausdauer) ausgelöst werden.
Wollte A mit der 100-m-Teilstrecke seine Schnelligkeitsausdauer verbessern, müsste er mit fast maximaler Geschwindigkeit laufen. Selbst bei längeren Pausen (20 - 30 min) könnte er pro Trainingseinheit jedoch nur 4 bis 5 Läufe mit diesem Tempo

absolvieren. Der Gesamtumfang und dadurch auch die Trainingswirkung in Bezug auf eine Verbesserung der Schnelligkeitsausdauer würden deutlich reduziert werden.

	Umfang	Dauer (Einzelreiz,Serie)	Intensität	Dichte/Pause	Trainingswirkung
A	**3 Serien** **3 x 100 m** = 900 m	3 x 13,3 sec mit 2 min Pause	7,5 m/sec (90%)	Serienpause ca. 6 min	Kurzzeitausdauer (400 m)
B	**3 Serien** **5 x 60 m** = 900 m	5 x 7,2 sec mit 90 sec Pause	8,3 m/sec (100%)	Serienpause 10 min	Schnelligkeits-ausdauer (100 - 200 m)

Tabelle 2: Verschiedene Belastungsgefüge mit gleichem Umfang.

2.2 Prinzip der optimalen Relation von allgemeiner und spezieller Ausbildung

Eine zunehmende Spezialisierung ist nur auf der Basis einer vielseitigen körperlichen Allgemeinausbildung sinnvoll.

Das Verhältnis von allgemeiner und spezieller Ausbildung ist sowohl von der Sportart, dem biologischen Alter, dem Trainingsalter als auch vom Leistungsniveau abhängig. Die langfristige Trainingsgestaltung wird in der Regel in die Abschnitte

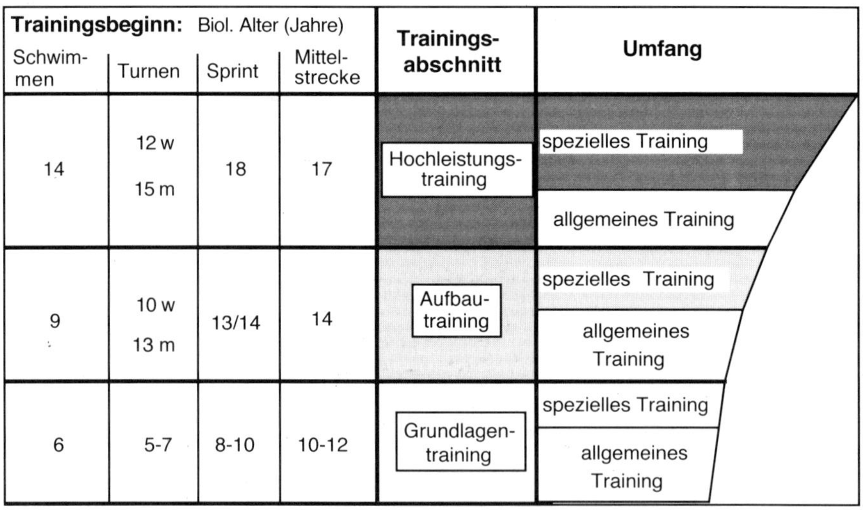

Abb. 10: Verhältnis von allgemeinem und speziellem Training in Abhängigkeit von Alter, Leistungsniveau und Sportart (Disziplin).

Grundlagen-, Aufbau- und Hochleistungstraining unterteilt, wobei mit ansteigendem Leistungsniveau die Spezialisierung zunimmt. In Abbildung 10 sind die Relationen, wie sie für viele Sportarten Gültigkeit haben, dargestellt.
In Sportarten mit hohen technischen Anforderungen, wie z.B. beim Turnen, hat in allen Trainingsphasen das spezielle Training ein größeres Gewicht als in Sportarten mit höheren Anforderungen im Kraft- und Schnelligkeitsbereich, z.B. in Laufdisziplinen.

3. Prinzipien zur Festigung der Anpassung

3.1 Prinzip des langfristigen Trainingsaufbaus

Ein stabiles und hohes Leistungsniveau kann nur durch einen langfristigen Trainingsaufbau mit Grundlagen-, Aufbau- und Hochleistungstraining erreicht werden.

Eine sportliche Höchstleistung kann in der Regel erst nach einer Trainingszeit von etwa zwölf Jahren erreicht werden. In diesem langen Anpassungsprozess können z.B. Krankheiten und Verletzungen den Anstieg des Leistungsniveaus bremsen oder zu einem Abfall des Leistungsniveaus führen. Nach dem Gesetz der Anpassungsfestigkeit ist das Leistungsniveau um so stabiler, je langfristiger es aufgebaut wurde (siehe S. 9).
Der langfristige Trainingsaufbau gliedert sich in verschiedene Trainingsstufen, die jeweils drei bis vier Jahre dauern und folgende Hauptaufgaben haben:

Grundlagentraining:
- vielseitige Ausbildung der physischen Leistungsfaktoren,
- Sammeln von Bewegungserfahrungen.

Aufbautraining:
- weitere Verbesserung aller physischen Leistungsfaktoren,
- Training der sportartspezifischen Leistungsanforderungen,
- Techniktraining.

Hochleistungstraining:
- Stabilisierung der physischen Leistungsfaktoren,
- Optimierung der sportartspezifischen Leistungsgrundlagen.

Wird in der Phase des Aufbäutrainings das Grundlagentraining vernachlässigt und das sportartspezifische Training mit dem Ziel einer schnellen Leistungssteigerung forciert, kann es nach einem zunächst raschen Anstieg des Leistungsniveaus zur Stagnation oder gar zu einem Leistungsabfall kommen ("Verheizen"). Die Trainingsbelastungen des speziellen Trainings und die oft zu große Zahl von Wettkämpfen führen zu einer Überbelastung, da bei zu geringem Grundlagentraining die Wiederherstellungsprozesse zu langsam ablaufen.

3.2 Prinzip der Periodisierung

Auf Perioden intensiver Belastung muss eine Entlastungsphase folgen, da das Leistungsniveau nicht über das ganze Jahr auf seinem höchsten Punkt gehalten werden kann.

Bei intensiven Trainingsbelastungen besteht die Gefahr des Übertrainings. Aus diesem Grund wird das Trainingsjahr in der Regel in drei Abschnitte eingeteilt:

Vorbereitungsperiode:
- Aufbau der sportlichen Form,
- hoher Gesamtumfang.

Wettkampfperiode:
- Weiterentwicklung der sportlichen Form durch Wettkämpfe,
- sehr hohe Intensität,
- Leistungshöhepunkt.

Übergangsperiode:
- aktive Erholung und Regeneration durch Reduzierung von Umfang und Intensität,
- Verlust der sportlichen Form.

Aufgaben

5. *Warum muss der Verlauf von Belastung und Erholung bei der Trainingsplanung in der Wettkampfphase besonders beachtet werden?*

6. *Erläutern Sie den Zusammenhang zwischen dem Prinzip der progressiven Belastung und den Gesetzen über die Reizschwelle und den Verlauf der Leistungsentwicklung.*

7. *Erläutern Sie das Prinzip der optimalen Relation von Belastung und Erholung mit Hilfe Ihrer eigenen Erfahrung aus dem Schulsport.*

8. *Lässt sich aus Abb. 10 ein Zusammenhang ablesen zwischen dem durchschnittlichen Alter zu Beginn der einzelnen Trainingsphasen und den Anforderungen der jeweiligen Disziplin?*

PHYSISCHE LEISTUNGSFAKTOREN

Die sportliche Leistung und ihre leistungsbestimmenden Bereiche

Eine sportliche Leistung, wie z.B. ein Weitsprung, ein Handstützüberschlag, ein Marathonlauf usw., ist von einer großen Zahl verschiedener Faktoren abhängig, welche die gesamte Persönlichkeit des Sportlers betreffen.

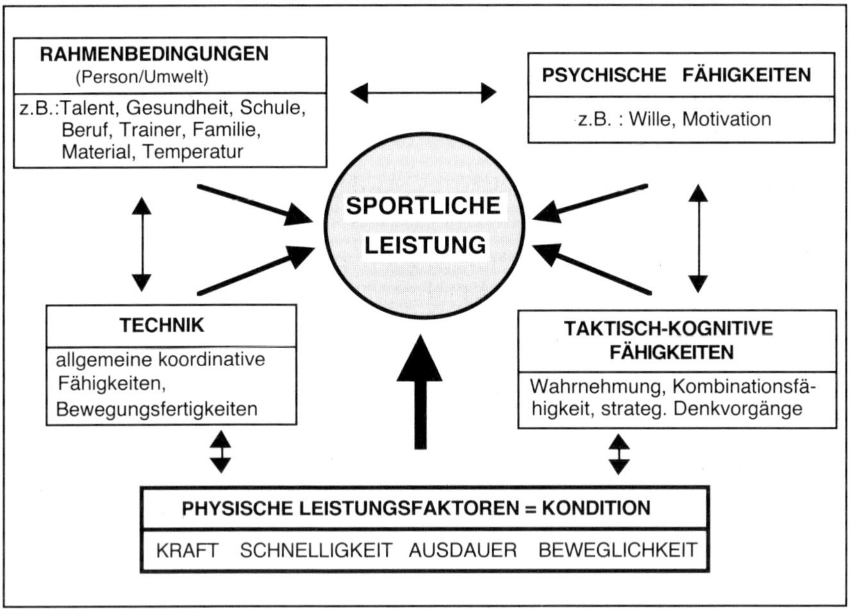

Abb. 11: Die sportliche Leistung und ihre leistungsbestimmenden Bereiche.

Diese leistungsbestimmenden Bereiche spielen nicht nur dann eine Rolle, wenn die Leistung erbracht wird, sondern auch schon bei der Entwicklung der Leistung.
Die einzelnen Teilbereiche wie Technik, Kondition usw. beeinflussen sich, und die Übergänge sind zum Teil fließend; so ist z.B. Kraft sehr stark von koordinativen Fähigkeiten abhängig (siehe S. 57).

Die **physischen Leistungsfaktoren**[1] Ausdauer, Kraft, Schnelligkeit, Beweglichkeit sind die entscheidende Basis für eine sportliche Leistung. Ein Fitnesstest, wie z.B. der HARO-Fitnesstest[2], kann dies einfach und schnell deutlich machen. Ein solcher Test zeigt aber auch, dass die physischen Leistungsfaktoren in den seltens-

[1] Synonyme: Motorische (Grund-) Eigenschaften, motorische Hauptbeanspruchungsformen, physische Leistungsgrundlagen, körperliche Eigenschaften.

[2] siehe Haag, H., 1981, 35-39.

ten Fällen als "Reinform" eine Rolle spielen, sondern in der Regel zusammenwirken (siehe Abb. 12). Ein typisches Beispiel ist der Zusammenhang von Kraft und Ausdauer bei länger dauernden Kraftleistungen, diese "Mischform" wird als Kraftausdauer bezeichnet. Aus Gründen der Übersichtlichkeit werden die physischen Leistungsfaktoren dennoch getrennt dargestellt. Mischformen werden dem jeweils dominierenden physischen Leistungsfaktor zugeordnet und als **Fähigkeit**[1] des betreffenden Leistungsfaktors bezeichnet, z.B. ist Kraftausdauer eine Kraftfähigkeit.

Kraft	**Schnelligkeit**	**Ausdauer**	**Beweglichkeit**

Gewichtheben hpts. Kraft leistungsbestimmend	100-m-Sprint hpts. Schnelligkeit leistungsbestimmend	Langstreckenlauf hpts. Ausdauer leistungsbestimmend	Gymnastik hpts. Beweglichkeit leistungsbestimmend

Abb. 12: Beispiele für die physischen Leistungsfaktoren.

AUSDAUER

1. Bedeutung der Ausdauer für die sportliche Leistung

Im Sport versteht man unter Ausdauer die physische und psychische Widerstandsfähigkeit gegen Ermüdung bei relativ lang dauernden Belastungen und die rasche Wiederherstellungsfähigkeit nach der Belastung.

Ausdauer als **Ermüdungswiderstandsfähigkeit** ist notwenig für
- die **Beibehaltung** einer möglichst **hohen Belastungsintensität**,
- eine **schnelle Erholung** in kurzen Wettkampfpausen, in Phasen mit geringer Belastungsintensität und zwischen einzelnen Trainingseinheiten und Wettkämpfen.

Die Ermüdungsprozesse betreffen dabei nicht nur die Muskelfunktion (physisch), sondern auch Konzentration, Sinneswahrnehmung und Motivation (psychisch / kognitiv).
Im folgenden beschäftigen wir uns mit der physischen Ausdauer und bezeichnen diese aus Gründen der Vereinfachung mit Ausdauer.

[1] Synonyme: Arten, Teilleistungsfaktoren, Erscheinungsformen, Erscheinungsweisen.

2. Biologische Grundlagen

2.1 Leistungsbestimmende Faktoren (Übersicht)

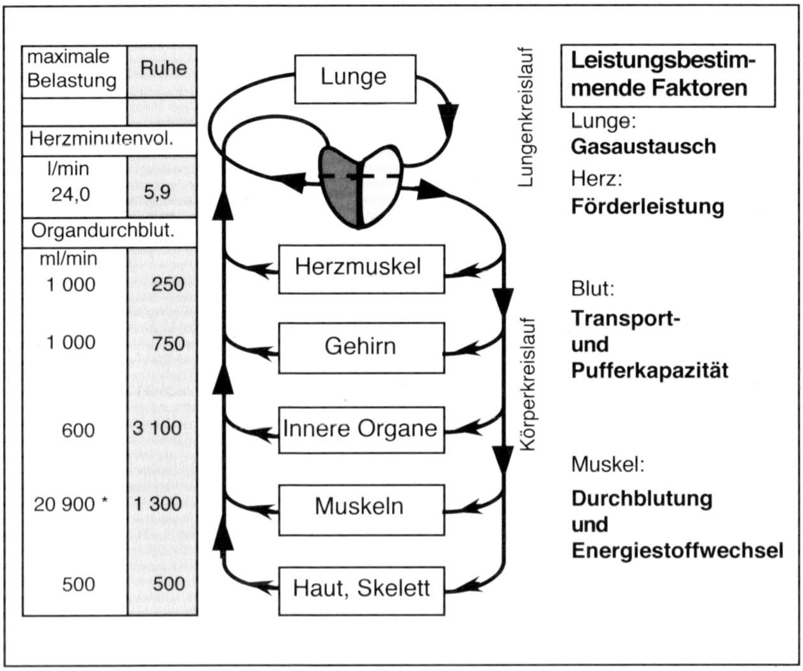

* Die Werte beziehen sich auf die Gesamtmuskulatur beim Laufen, Radfahren, Schwimmen oder Skilanglauf.

Abb. 13: Organdurchblutung und leistungsbestimmende Faktoren bei körperlicher Belastung.

Um eine bestimmte Belastungsintensität längere Zeit aufrecht erhalten zu können, muss in den Muskelzellen ausreichend Energie bereitgestellt werden. Diese Energiebereitstellung ist von folgenden Faktoren abhängig:

1. Der Leistungsfähigkeit der Energiegewinnungswege in der Muskelzelle.
2. Der Leistungsfähigkeit des Herz-Kreislauf-Systems einschließlich der Atmung und zwar in Bezug auf die Zufuhr der zur Energiegewinnung notwendigen Stoffe Glucose und Sauerstoff und den Abtransport der Stoffwechselendprodukte Kohlendioxid und Milchsäure.

2.2 Energiegewinnung in der Muskelzelle

Die Anforderungen an den Energiestoffwechsel der Muskelzelle können sehr verschieden sein. Während z.B. beim 100-m-Lauf die Geschwindigkeit der Energiebereitstellung (200-fache Steigerung) im Vordergrund steht, spielt beim Marathonlauf die Gesamtenergiemenge (Tagesumsatz in zwei Stunden) eine große Rolle.

Strecke	**Zeit**	**Geschwindigkeit**	**Energiebedarf**		
m		km/h	kJ/m	kJ/sec	kJ insgesamt
100	10,2 sec	35,3	2,1	20,00	200
800	1:50 min	26,0	0,6	4,40	480
1 500	3:40 min	24,5	0,47	3,20	700
5 000	14:17 min	21,0	0,3	1,75	1 500
10 000	30:00 min	20,0	0,28	1,55	2 800
42 195	2:15 h	18,7	0,25	1,30	10 550
Jogging	1 :00 h	10,0	0,22	0,61	2 196
Walking	1:00 h	8,5	0,23	0,54	1 944
Gehen	1:00 h	4,0	0,19	0,22	792
normaler Tagesumsatz	–	–	–	0,11	10 000

Die Angaben in kJ beziehen sich auf die Energie der benötigten Nährstoffe, die Werte sind in der Literatur teilweise sehr unterschiedlich.

Tab. 3: Energiebedarf bei verschiedenen Laufdisziplinen.

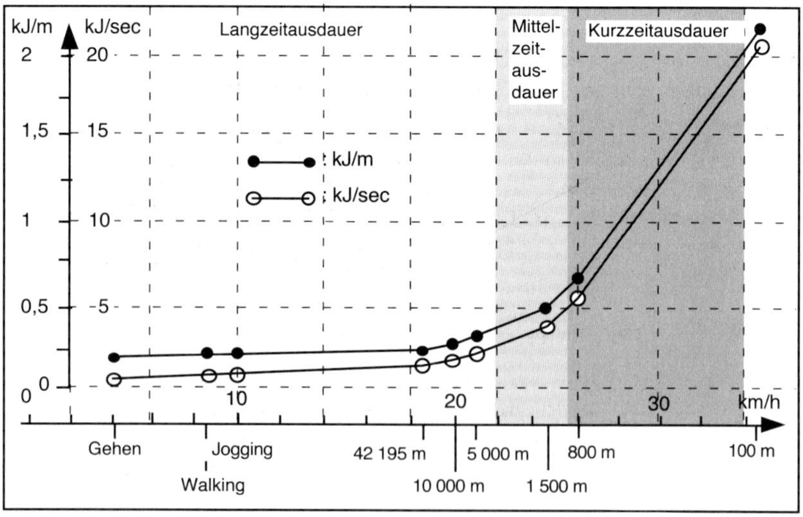

Abb. 14: Energiebedarf in Abhängigkeit von der Laufgeschwindigkeit.

Unabhängig von den unterschiedlichen Anforderungen im Kraft-, Schnelligkeits- oder Ausdauerbereich ist das energiereiche Adenosintriphosphat (ATP) die einzige Energiequelle, welche die Muskelzelle zur Kontraktion verwenden kann (siehe Seite 56).
ATP wird beim Kontraktionsvorgang in Adenosindiphosphat (ADP) und Phosphat gespalten (P_i = anorganisches Phosphat).
Da der Vorrat an ATP in der Muskelzelle sehr klein ist, reicht er bei Maximalbelastung nur für 1 bis 2 sec. Jede Muskelzelle muss ATP entsprechend dem jeweiligen Bedarf selbst resynthetisieren.
ATP kann nur durch Energiezufuhr synthetisiert werden. Energieliefernde Prozesse sind die Spaltung der energiereichen Phosphate[1] Kreatinphosphat (KP) und ADP sowie der Abbau von Nährstoffen.

1. Spaltung energiereicher Phosphate

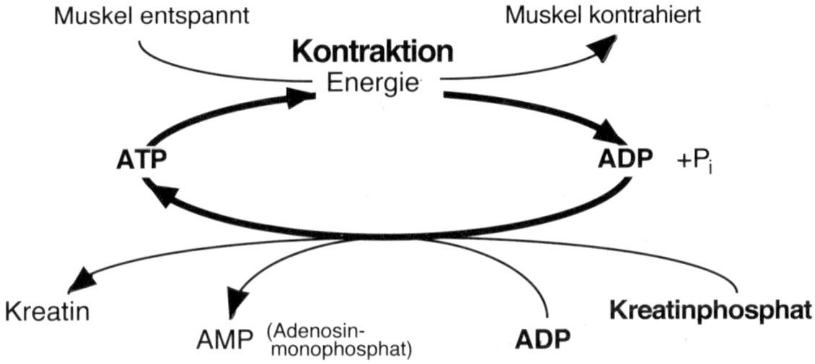

Diese Reaktionen verlaufen ohne Sauerstoff und es wird keine Milchsäure (Laktat[2]) gebildet: **anaerob-alaktazide Energiegewinnung.**

Verbraucht die Muskelzelle ATP, wird mit diesen Reaktionen ATP verzögerungsfrei und mit hoher Geschwindigkeit nachgebildet (Sofortreserve). Der Vorrat an energiereichen Phosphaten ist jedoch so klein, dass er bei Maximalbelastungen schon nach 4 - 6 sec ausgeschöpft wäre, beim 100-m-Lauf z.B. nach den ersten 20 Schritten, wenn nicht durch Stoffwechselreaktionen rasch ATP nachgebildet werden würde.

2. Abbau von Nährstoffen

Nährstoffe sind Kohlenhydrate, Fette und Proteine. Wie Abbildung 15 zeigt, ist der Abbau von Kohlenhydraten der einzige Stoffwechselweg, welcher in größeren Mengen ATP produzieren kann. Die Abbauwege von Fetten und Proteinen münden früher oder später in diesen Stoffwechselweg ein; wichtigstes gemeinsames Zwischenprodukt ist die aktivierte Essigsäure (Acetyl-Coenzym A).

[1] Energiereiche Phosphate für die Muskelzelle sind ATP, KP und ADP.
[2] Laktat: Milchsäure in Lösung.

Abbau der Kohlenhydrate / Glykogenspeicher

In Ruhezeiten legt die Muskelzelle Glucosevorratslager in Form von Glykogen[1] an. Nachschub erhält die Muskelzelle aus dem Blut (1)[2]. Die Zufuhr von Glucose in das Blut geschieht regulatorisch durch die Leber (Glykogenspeicherung, Auf- und Abbau von Glykogen) oder durch das Verdauungssystem (unreguliert).
Der Verlauf des Glucoseabbaus ist abhängig von der Sauerstoffversorgung der Muskelzelle (2). Bei geringen bis mittleren Belastungsintensitäten reicht das Sauerstoffangebot in der Regel aus und Glucose wird vollständig zu Kohlendioxid und Wasser abgebaut: **aerobe Energiegewinnung.**
Bei intensiver Belastung kommt es zu Sauerstoffmangel, die Glucose kann dann nicht vollständig abgebaut werden, es wird Milchsäure gebildet: **anaerob-laktazide Energiegewinnung** (3).

Aerobe Energiegewinnung

Die gesamte Reaktionsfolge lässt sich in vier Teilprozesse zerlegen, die im wesentlichen folgende Aufgabe haben:

Teilprozess		Energieausbeute	Hauptaufgaben
I Glykolyse	anaerob	2 ATP	Abbau der Glucose zu Brenztraubensäure
I Oxidative Decarboxylierung	aerob		Abspaltung von CO_2 und Bildung von aktivierter Essigsäure
II Citratzyklus	aerob	2 ATP	Bereitstellung von Wasserstoff für die Atmungskette und weitere Abspaltung von CO_2
IV Atmungskette	aerob	34 ATP	Resynthese von ATP durch Oxidation des Wasserstoffs aus den Teilprozessen I-III (Wasserbildung)
		38 ATP	

Die Energieausbeute ist hoch (40%), **pro Mol Glucose**[3] werden insgesamt **38 Mol ATP** gebildet. Die Geschwindigkeit der ATP-Bildung (Energieflussrate) ist jedoch relativ klein (siehe Abb. 18, S. 30).
Bei längeren Ausdauerleistungen ist die Größe der Glykogenspeicher leistungsbestimmend. Bei maximaler Belastung betrifft dies alle Strecken über 10 000 m. In Abhängigkeit von der gespeicherten Glykogenmenge erschöpfen sich die Speicher

[1] Glykogen: Molekülketten mit bis zu 60 000 Glucosemolekülen.
[2] Die Zahlen in Klammern weisen auf die in Abbildung 15 dargestellten Prozesse hin.
[3] Mol = Molekülmasse in g (z.B. 1 Mol Glucose = 180 g).

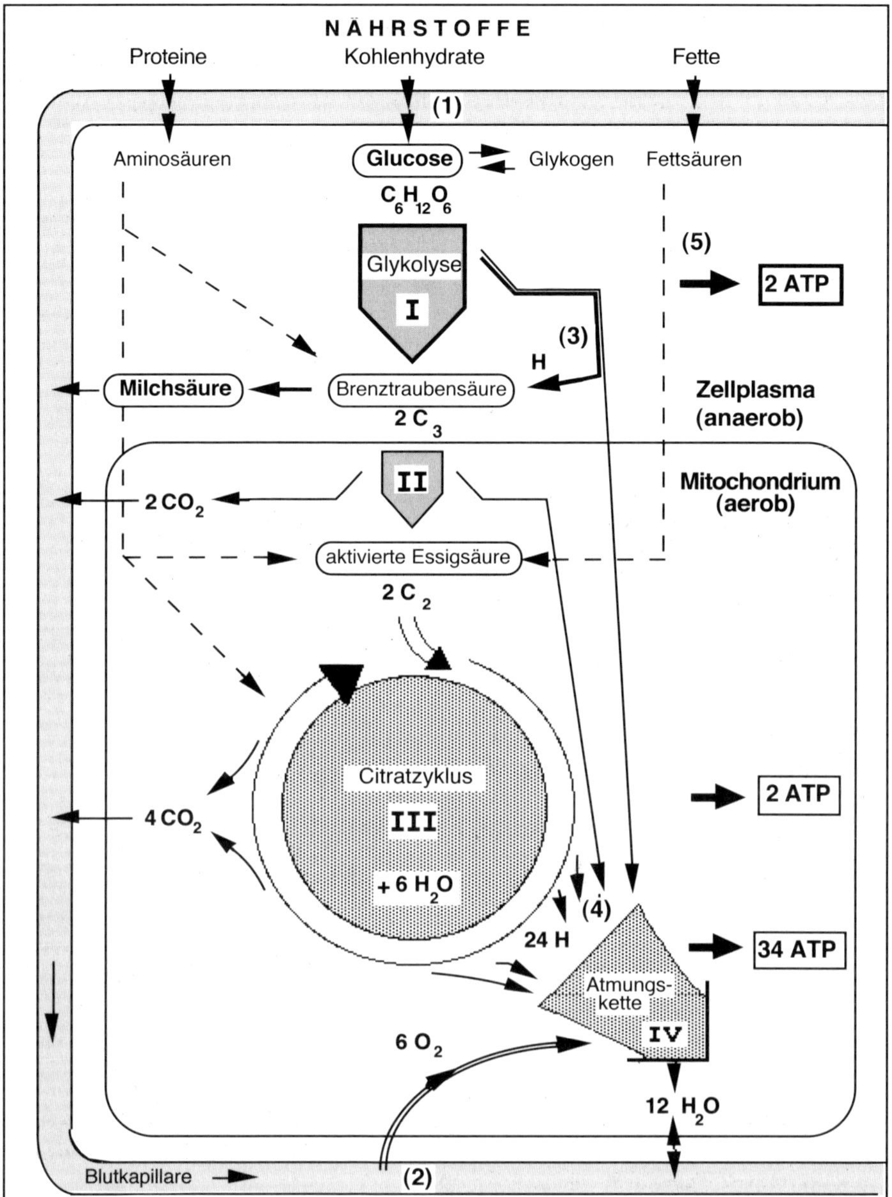

Bilanz: Energiegewinn

aerob: $C_6H_{12}O_6 + 6\,O_2 + 6\,H_2O \longrightarrow 6\,CO_2 + 12\,H_2O$ / 38 ATP

anaerob: $C_6H_{12}O_6 \longrightarrow 2\,C_3H_6O_3$ (Milchsäure) / 2 ATP

Abb. 15: Energiegewinnungsprozesse (stark vereinfacht).

im Muskel bei hoher Belastungsintensität sowohl beim Trainierten als auch beim Untrainierten nach 45 - 90 Minuten (Abb. 16). Bei einem Marathonlauf z.B. kann der Glykogenvorrat nur etwa 50% des Gesamtenergiebedarfs decken.

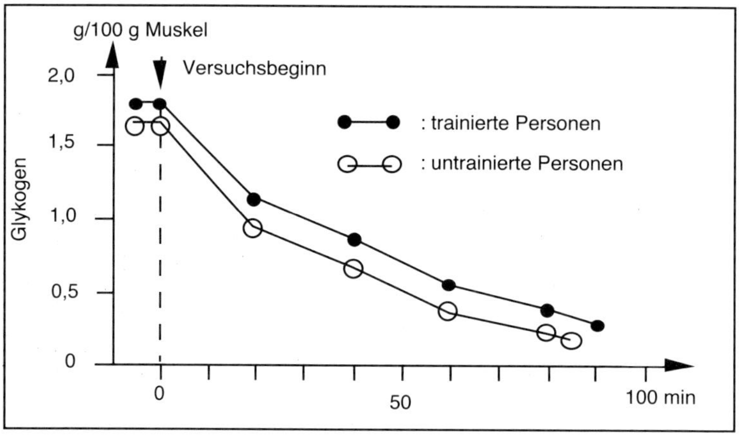

Abb. 16: Glykogenhaushalt der Muskulatur bei einer Belastung von 77%.[1]

Anaerob-laktazide Energiegewinnung

Übersteigt die Belastungsintensität die Kapazität der aeroben Energiegewinnung, kann die Muskelzelle den Energiebedarf für kurze Zeit anaerob durch Glykolyse abdecken (3). Dabei wird die Stoffwechselkette des Glucoseabbaus sehr stark angekurbelt. In kurzer Zeit wird sehr viel Wasserstoff für die Atmungskette bereitgestellt (4). Selbst bei maximaler Versorgung der Muskelzelle mit Sauerstoff kann in der Atmungskette nicht aller Wasserstoff oxidiert werden (O_2-Mangel) (2), so dass es zur Anhäufung von Wasserstoff kommt. Da die Teilprozesse I bis III nur ablaufen, wenn sie Wasserstoff abgeben können (4), würde die ganze Stoffwechselkette blockiert werden. Die Muskelzelle löst dieses Problem durch einen Kunstgriff: Die sich im Zellplasma ebenfalls anhäufende Brenztraubensäure und der Wasserstoff reagieren miteinander (3), es entsteht **Milchsäure**. Da diese relativ rasch in das Blut diffundiert, kann die Glykolyse zunächst ungehindert ablaufen und ATP bilden (5). Die Energieausbeute ist jedoch sehr gering: **pro Mol Glucose** werden **nur 2 Mol ATP** gebildet.
Dennoch ist die ATP-Bildungsrate etwa doppelt so hoch wie bei aerober Energiegewinnung. Dies wird durch einen erhöhten Glykogenabbau erreicht. Die Glykogenvorräte werden dabei mehr als 20 mal schneller verbraucht (Abb. 18, S. 30).
Bei intensiver Belastung ist die Glykolyserate so hoch, dass sich die Milchsäure in der Zelle und im Blut anreichert. In der Leichtathletik geschieht dies bei allen Laufstrecken zwischen 100 m und 5 000 m. Abbildung 17 zeigt, dass selbst nach einem 100-m-Lauf der Laktatspiegel deutlich angestiegen ist. Ursache dafür ist der

[1] Zusammenstellung aus der Literatur

kleine Vorrat an energiereichen Phosphaten und die zu geringe ATP- Bildungsrate der aeroben Energiegewinnung.

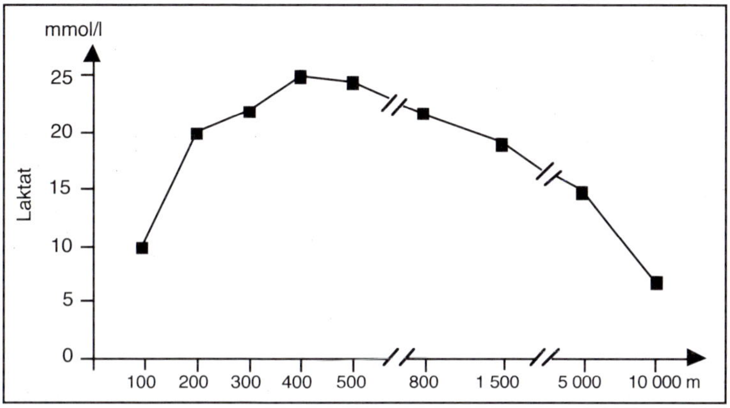

Abb. 17: Laktatspiegel in Abhängigkeit von der Laufstrecke.[1]

Nach einem 400-m-Lauf werden die höchsten Laktatwerte gemessen. Die dadurch entstehende Übersäuerung verringert die Aktivität der Glykolyseenzyme. Es wird immer weniger ATP gebildet, so dass die Muskelzelle nicht mehr kontrahieren kann, es kommt zur Erschöpfung. Aus diesem Grund kann der Glykogenspeicher der Muskelzelle nicht vollständig ausgeschöpft werden.
Die Übersäuerung und damit die Ermüdung kann durch folgende Prozesse verzögert werden:

- Puffersysteme[2] in der Zelle und im Blut fangen die Übersäuerung ab (S. 31).
- Die Milchsäure wird durch das Blut rasch entfernt und in anderen Organen verarbeitet. Die Leber verwendet Milchsäure zum Aufbau von Glucose, und die Herzmuskulatur kann etwa 50% des Energiebedarfs aus Milchsäure decken. Aber auch die nicht belastete Skelettmuskulatur baut Milchsäure ab.

Abbau von Fetten/Fettspeicher
(aerobe Energiegewinnung)

Fette können nur mit Hilfe von Sauerstoff abgebaut werden. Die Fettsäuren (wesentlicher Bestandteil der Fettmoleküle) werden schrittweise zerlegt und die Spaltprodukte als aktivierte Essigsäure in den Citratzyklus eingeschleust. Aus diesem Grund können die Fettsäuren bei geringer Belastungsintensität alternativ zu den Kohlenhydraten für die Energiegewinnung genutzt werden.
Im Vergleich zum aeroben Energiegewinn aus Kohlenhydraten benötigt die Muskelzelle bei der Energiegewinnung aus Fettsäuren für die **Bildung gleicher**

[1] Zusammenstellung in der Literatur
[2] Puffersubstanzen wie z.B. Bikarbonate stabilisieren den pH-Wert.

ATP-Mengen etwa **doppelt soviel Zeit** und **16% mehr Sauerstoff**. Deshalb ist eine vermehrte Energiegewinnung aus Fettsäuren nur bei geringer Intensität möglich. Um die Glykogenvorräte für höhere Belastungsintensitäten zu schonen, versucht die Muskelzelle jedoch, möglichst viel Energie aus Fettsäuren zu gewinnen. Bei einer Belastungsintensität an der anaeroben Schwelle beträgt der Anteil der Fettsäuren etwa 30%, an der aeroben Schwelle über 50%.[1] In Ruhe sinkt der Anteil auf etwa 20% ab, da keine Gefahr besteht, dass die Glykogenspeicher entleert werden.
Bei längeren Belastungszeiten reichen die Glykogenvorräte nicht mehr aus, deshalb steigt der Anteil der Fettsäuren an der Energiegewinnung mit zunehmender Belastungszeit an. Beim Marathonlauf muss schon etwa die Hälfte der Gesamtenergiemenge aus der Oxidation von Fetten gewonnen werden.
Fette sind eine sehr ergiebige Energiequelle. Bei gleicher Menge liefern sie etwa doppelt soviel Energie wie die Kohlenhydrate: Aus 1 g Fett werden 505 mmol ATP, aus 1 g Kohlenhydrate 211 mmol ATP gebildet. Da auch bei Normalgewicht der Fettspeicher relativ groß ist, sind Fette im Sport eine unerschöpfliche Energiequelle; sie haben daher eine große Bedeutung für sportliche Belastungen mit langer Belastungszeit.

Abbau von Eiweiß

Eiweiße werden bei der Verdauung in Aminosäuren zerlegt. Die energetische Bedeutung der Aminosäuren ist sehr gering. Unter normalen Bedingungen beträgt der Anteil an der Energiebereitstellung nicht mehr als 1 - 2 %.
Nur unter physischen und psychischen Dauerbelastungen (Krankheit, Hunger u.a.) werden Aminosäuren als Energiequelle genutzt.

3. Vergleich und Bedeutung der verschiedenen Energiegewinnungswege

Aus Tabelle 4 und Abbildung 18 geht hervor, dass der Glykogenspeicher im Sport bei fast allen Belastungen eine entscheidende Rolle spielt. Ausnahmen sind extrem kurze Belastungen (Sprünge, Würfe) oder lange, weniger intensive Belastungen (z.B. 100-km-Lauf, Triathlon usw.). Gründe sind die relativ hohe Speicherkapazität und die hohe Geschwindigkeit der ATP-Bildung, beides sind Eigenschaften, die für das Erreichen einer Höchstleistung im Sport im Sinne von maximal erreichbarer Intensität pro Zeiteinheit notwendig sind.
Die Bedeutung der einzelnen Speicher bzw. Energiegewinnungswege kann in Wirklichkeit nicht ganz so scharf abgegrenzt werden, wie es in Tabelle 4 dargestellt ist, die Übergänge sind fließend und individuell. Dabei ist zu beachten, dass sich die in der Tabelle aufgeführte Bedeutung der einzelnen Speicher bzw. Energiegewinnungswege immer auf den Gesamtenergiebedarf einer bestimmten Belastung (Laufstrecke) bezieht. Dagegen kann sich die Bedeutung der Speicher bzw. Energiegewinnungswege während einer Belastung ändern und muß nicht mit der Bedeutung für den Gesamtenergiebedarf übereinstimmen. So dominiert z.B. bei einem 800-m-Lauf (Abb. 23, S. 40) nach 90 Sekunden eindeutig die aerobe Energiegewinnung; in Bezug auf den Gesamternergieaufwand für die 800-m-Strecke ist jedoch die anaerobe Energiegewinnung dominierend (über 70% Anteil).

[1] Grosser 1986, 116.

Kennzeichen / Speicher	ATP / KP-SPEICHER	GLYKOGENSPEICHER		FETTSPEICHER
Energiegewinnung	**anaerob-alaktazid**	**anaerob-laktazid**	**aerob**	
Sauerstoffbedarf	–	–	+	höher als aerober Glukoseabbau
Milchsäurebildung	–	+	–	
Ermüdung	sehr schnell durch Speicherentleerung	schnell durch Übersäuerung	sehr langsam, da keine Milchsäurebildung	
Beginn der ATP-Nachbildung	verzögerungsfrei	schnell anspringend	langsam anlaufend	
ATP-Bildungsgeschw. (ATP-Menge/Zeit)	sehr hoch	hoch	gering	niedriger als aerober Glukoseabbau
Energieausbeute (ATP-Menge/Mol Nährstoff)	–	gering	hoch	
Speicherkapazität	gering nur für Sekunden	kann wegen Übersäuerung nur wenig genutzt werden	hoch über 1,5 Stunden	nahezu unerschöpfliche Energiequelle
Bedeutung für **Gesamtbelastung**	**Sofortdepot**, reicht für **wenige** und schnell aufeinanderfolgende **Kontraktionen** bei maximaler Belastung (z.B. Startreaktionen, Beschleunigung beim 100-m-Lauf, Gewichtheben)	**dominierend** bei **intensiven** Belastungen zwischen **15 sec und 2 min** (z.B. Laufstrecken zwischen 150 m und 800 m, 100 m Schwimmen)	**dominierend** bei Belastungen zwischen **2,5 min und 120 min*** (z.B. Laufstrecken zwischen 1000 m und Marathon)	**dominierend** bei allen Belastungen **über 120 min**

* in der Literatur unterschiedliche Angaben

Tabelle 4: Kennzeichen und Bedeutung der verschiedenen Energiespeicher und Energiegewinnungswege bei jeweils maximaler Belastung.

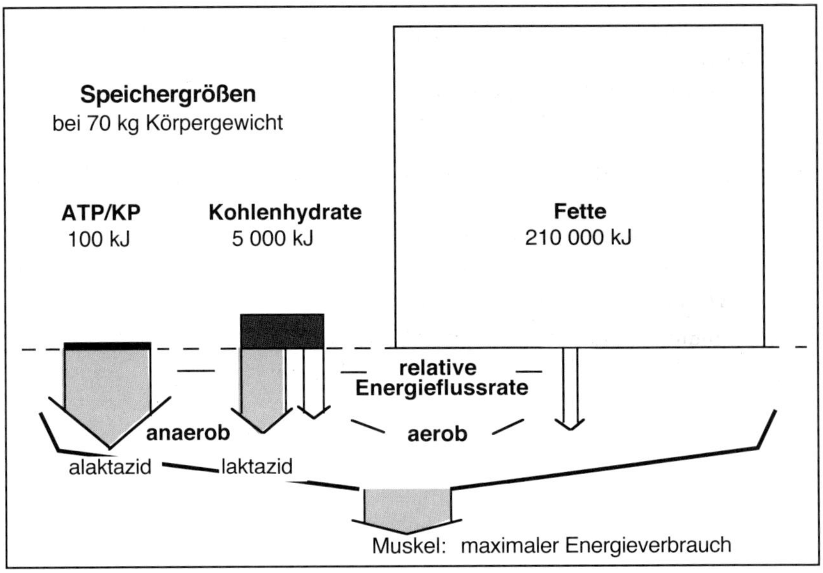

Abb. 18: Speichergrößen und Energieflussraten (Geschwindigkeit der ATP-Bildung) im Vergleich.

2.3 Herz-Kreislauf-System und Atmung

Das Herz-Kreislauf-System und die Atmung spielen als leistungsbestimmende Faktoren fast ausschließlich bei dynamischer Muskelarbeit eine Rolle, da bei statischer Muskelarbeit schon ab 15% der Maximalkraft, z.B. Streckhang an der Reckstange, die Blutgefäße des Muskels leicht zusammengedrückt werden. Ab 50% der Maximalkraft sind die Muskelkapillaren nahezu vollständig blockiert.

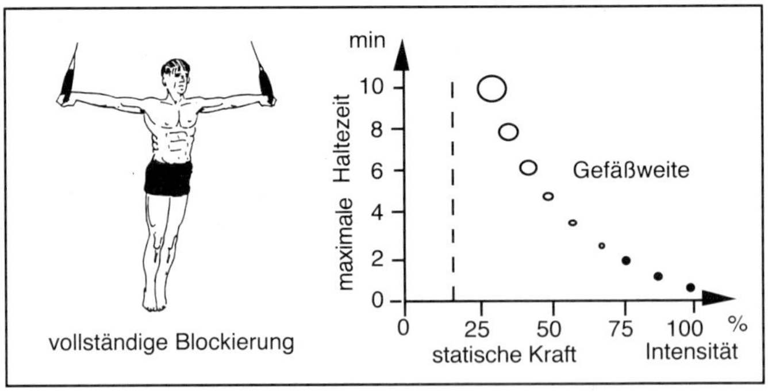

Abb. 19: Blockierung der Muskeldurchblutung bei statischer Muskelarbeit (verändert nach de Marees 1984 III, 100).

1. Umstellungsreaktionen bei Belastung

Bei dynamischer Muskelarbeit wird mit zunehmender Belastungszeit die Versorgung und Entsorgung der Muskelzellen durch das Blut leistungsbestimmend. Durch verschiedene **Umstellungsreaktionen** wird sowohl beim Trainierten als auch beim Untrainierten die Muskelfunktion aufrecht erhalten:

- **Steigerung der lokalen Muskeldurchblutung bis zum 20-fachen**

  Wesentliche Prozesse dabei sind:
  - Weitstellung der Blutgefäße in der arbeitenden Muskulatur,
  - Steigerung der Förderleistung des Herzens (Herzminutenvolumen), wenn mehr als 1/7 der Körpermuskulatur belastet ist.

  Das Herzminutenvolumen ist vereinbarungsgemäß diejenige Blutmenge, die das Herz in einer Minute durch den Körperkreislauf pumpt (Abb. 13):

  Herzminutenvolumen = Schlagvolumen x Herzfrequenz

  Der Untrainierte reagiert vor allem durch eine Erhöhung der Herzfrequenz[1], während beim Trainierten aufgrund des größeren Herzvolumens zunächst das Schlagvolumen[2] erhöht wird (siehe Tab. 15, S. 52).

- **Bessere Ausnutzung der Transport- und Pufferkapazität des Blutes**

  Die erhöhte Muskeldurchblutung bei Belastung ermöglicht eine wesentlich bessere Ausnutzung der Transportkapazität des Blutes. In Ruhe werden insgesamt nur etwa 25% des im arteriellen Blut enthaltenen Sauerstoffs von Muskeln und Organen ausgeschöpft; bei Belastung kann dieser Wert auf 75% steigen. Im arbeitenden Muskel selbst kann die Ausschöpfung annähernd 100 % ereichen. Eine Messgröße für die Sauerstoffausschöpfung ist die Differenz zwischen dem Sauerstoffgehalt in den Arterien und Venen, die **arterio-venöse Sauerstoffdifferenz ($AVDO_2$).**

  Aufgrund der gesteigerten Durchblutung können auch die Endprodukte des Energiestoffwechsels (CO_2, Milchsäure) schneller abtransportiert und mit Hilfe der vorhandenen Pufferkapazität die Übersäuerung im Muskel hinausgezögert werden.

- **Verbesserung des Gasaustausches in der Lunge**

  Die Aufnahme von Sauerstoff und die Abgabe von Kohlendioxid in der Lunge wird durch folgende Faktoren verbessert:
  - Vergrößerung des Atemminutenvolumens (Atemfrequenz x Atemzugvolumen),
  - bessere Durchblutung der Lungenkapillaren,
  - große Sauerstoffentsättigung des Blutes.

  Diese Faktoren wirken in der Regel nicht leistungsbestimmend, so dass auf eine weitere Erläuterung verzichtet werden kann.

---
[1] Herzfrequenz: Herzschläge pro Minute

[2] Schlagvolumen: pro Herzaktion in den Kreislauf gepumpte Blutmenge

2. Maximale Sauerstoffaufnahme (VO_2 max)

Da die Muskelzelle längerfristig nur soviel Energie entwickeln kann, wie gleichzeitig Sauerstoff zur Verfügung steht, ist das maximale Sauerstoffaufnahmevermögen (VO_2 max) ein gutes Kriterium für die aerobe Ausdauerleistungsfähigkeit. Sie beschreibt die **Funktionstüchigkeit des Gesamtsystems** (Herz-Kreislauf-System + Atmung). In einem Modell kann dies veranschaulicht werden.

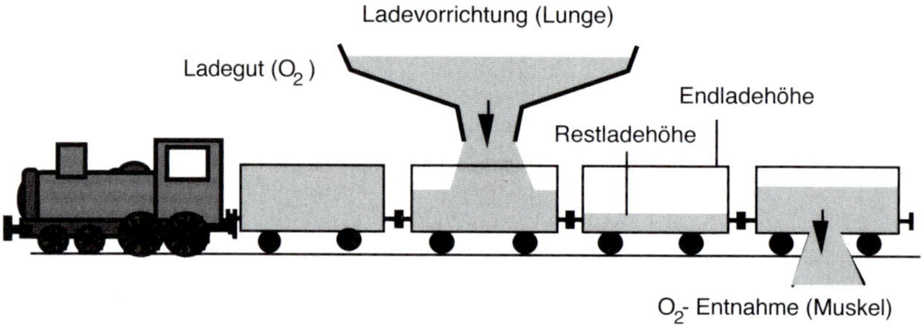

Erklärung der Sauerstoffaufnahme mit Hilfe des Zugmodells:

Größe der Waggons = Schlagvolumen
Zahl der Waggons/Zeit = Herzfrequenz] Herzminutenvolumen

Endladehöhe = O_2- Gehalt arterielles Blut
Restladehöhe = O_2- Gehalt venöses Blut] arterio-venöse Sauerstoffdifferenz

Ein Güterzug mit nur teilweise geleerten Waggons (Restladehöhe) passiert eine leistungsfähige Ladevorrichtung (Lunge). Hier können die Waggons bei entsprechender Atmung bis zum Rand vollgeladen werden.
Die Restladehöhe ist abhängig von der Sauerstoffentnahme im Muskel.

Die aufgenommene und transportierte Lademenge (O_2) ist nun um so größer,
- je größer die Waggons (Schlagvolumen),
- je mehr Waggons die Ladevorrichtung pro Zeiteinheit passieren (Herzfreqenz),
- je geringer die Restladehöhe (O_2-Entnahme Muskel, arteriovenöse O_2-Differenz).

Abb. 20: Maximale Sauerstoffaufnahme ,VO_2 max (verändert nach de Marees H., 1984 III,92).

Die aufgenommene Sauerstoffmenge lässt sich aus der auf den ganzen Körper bezogenen arterio-venösen Sauerstoffdifferenz ($AVDO_2$) und dem Herzminutenvolumen (HMV) berechnen: VO_2 max = $AVDO_2$ max x HMV max. Sie ist abhängig vom Körpergewicht und dem Anteil der belasteten Muskelgruppen. Der Untrainierte kann maximal 3 Liter Sauerstoff pro Minute aufnehmen.

Aufgaben

9. *Testen Sie die in Tabelle 1 (S. 12) und Tabelle 2 (S. 16) angegebenen Belastungsgefüge. Versuchen Sie die Wirksamkeit anhand Ihres subjektiven Ermüdungsgefühls abzuschätzen.*
Messen Sie am Ende jeder einzelnen Belastung innerhalb von 30 sec Ihren Puls und vergleichen Sie die Werte mit Tabelle 9 (S. 45) und Tabelle 13 (S. 49).

Die Pulsmessung kann entweder an der Schlagader des Handgelenks (vier Finger nebeneinander an der Daumenseite des Unterarms anlegen) oder an der Halsschlagader (Zeigefinger und Mittelfinger anlegen) erfolgen. Die Finger leicht anlegen, da der Puls sonst abgedrückt wird und nicht messbar ist. Der Puls sollte 15 sec lang gemessen werden.

Versuchen Sie mit Hilfe der Herzfrequenz auf die Bedeutung der aeroben Energiegewinnung bei den einzelnen Laufstrecken zu schließen.
Überprüfen Sie Ihre Antwort noch einmal, nachdem Sie das Kapitel 3 durchgearbeitet haben.

Zu Tab. 1: Laufen Sie zunächst 3 000 m in möglichst schneller Zeit. Berechnen Sie Ihre Laufzeiten über 1 000 m und 300 m und absolvieren Sie die anderen beiden Trainingseinheiten nach jeweils zwei Tagen Erholung.

Zu Tab. 2: Korrigieren Sie die in Tabelle 2 angegebenen Werte entsprechend Ihrer 100-m-Bestzeit und absolvieren Sie die beiden Trainingseinheiten im Abstand von drei Tagen.

10. *Cooper-Test* [1] *: Versuchen Sie in 12 min eine möglichst lange Strecke auf der Rundbahn zu laufen. Vergleichen Sie die zurückgelegte Strecke mit der Tabelle. Besteht ein Zusammenhang zwischen den Ergebnissen und der Sportart, die von den Schülern jeweils vorrangig betrieben wird?*

Bewertungskategorien für den Cooper-Test

Wertung	*Jungen*		*Mädchen*	
	16 Jahre	*17 Jahre*	*16 Jahre*	*17 Jahre*
ausgezeichnet	*3 050 m*	*3 100 m*	*2 850 m*	*2 900 m*
sehr gut	*2 850 m*	*2 900 m*	*2 650 m*	*2 700 m*
gut	*2 450 m*	*2 500 m*	*2 250 m*	*2 300 m*
befriedigend	*2 050 m*	*2 100 m*	*1 850 m*	*1 900 m*
mangelhaft	*1 450 m*	*1 500 m*	*1 250 m*	*1 300 m*
ungenügend	*weniger Meter als bei mangelhaft*			

[1] Jonath, Krempel 1984,114

3. Ausdauerfähigkeiten und leistungsbestimmende Faktoren

3.1 Anforderungen an den Muskelstoffwechsel und an das Herz-Kreislauf-System bei verschiedenen Belastungen

Die Anforderungen an den Muskelstoffwechsel und das Herz-Kreislauf-System können sehr verschieden sein. Um die spezifischen Ausdauerfähigkeiten gegeneinander abgrenzen und gezielte Trainingsmaßnahmen durchführen zu können, müssen Funktion und Bedeutung der beiden Teilsysteme für die einzelnen Disziplinen bekannt sein. Mit dem Laufband oder dem Fahrradergometer kann man die beiden Teilsysteme bei verschiedenen Belastungsintensitäten untersuchen. Dabei sind Herzfrequenz und Sauerstoffaufnahme Messgrößen für das Herz-Kreislauf-System und die Atmung; die Laktatkonzentration im Blut gibt Auskunft über die Funktion des Muskelstoffwechsels (siehe biologische Grundlagen).

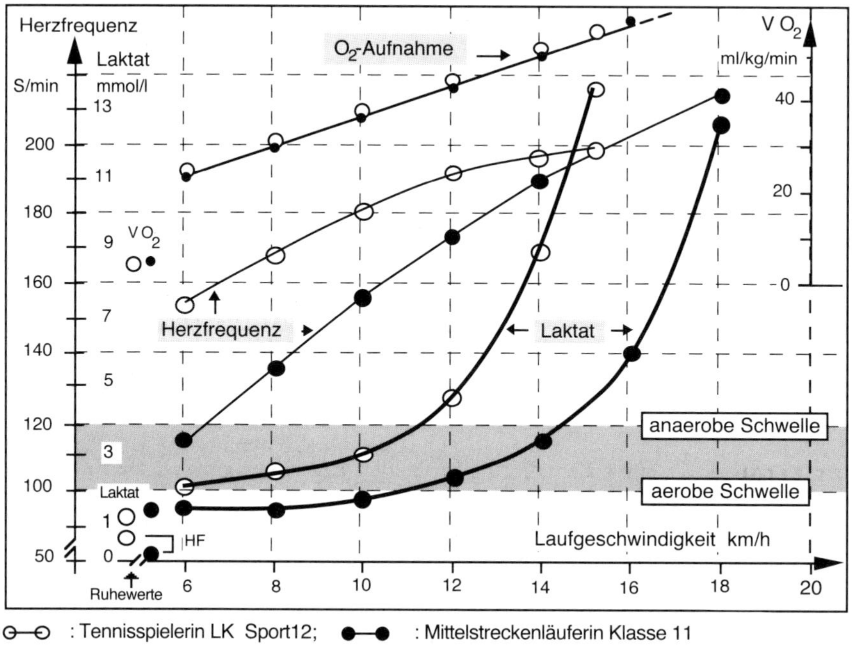

Abb. 21: Verhalten von Laktatspiegel, Herzfrequenz (HF) und Sauerstoffaufnahme (VO_2) bei ansteigender Belastung auf dem Laufband.

In Abbildung 21 sind die Untersuchungsergebnisse einer Tennisspielerin und einer Mittelstreckenläuferin bei ansteigenden Belastungsintensitäten auf dem Laufband dargestellt. Während die relative Sauerstoffaufnahme (bezogen auf das Körpergewicht) jeweils gleich ist, sind Herzfrequenz und Laktatspiegel bei der Mittelstreckenläuferin wesentlich geringer.
Die niedrigere Herzfrequenz im unteren und mittleren Intensitätsbereich ist auf ein

größeres Schlagvolumen des Herzens zurückzuführen. Die wesentlich geringere Laktatbildung trotz gleicher Sauerstoffaufnahme beruht darauf, dass die Stoffwechselprozesse zur Energiegewinnung im Muskel den Sauerstoff besser nutzen. Dies ist vor allem auf eine bessere Durchblutung der Muskeln und auf einen höheren Gehalt an Enzymen für den aeroben Stoffwechsel zurückzuführen. Die bessere Durchblutung wird durch Kapillarisierung, der höhere Enzymgehalt durch eine Erhöhung der Mitochondrienzahl erreicht (siehe S. 51 und S. 62).
Daraus ergibt sich eine wesentlich bessere Ausdauerleistungsfähigkeit, da bei gleicher Laufgeschwindigkeit die Übersäuerung der Muskeln und damit die Ermüdung wesentlich geringer ist.

Die Ausdauerleistungsfähigkeit wird sowohl durch die **Sauerstoffaufnahmefähigkeit** (VO_2 max) als auch durch die **Sauerstoffausnutzung im Muskel** (Kapillarisierung, aerobe Stoffwechselkapazität) bestimmt.

Die enorme Leistungssteigerung in allen Ausdauerdisziplinen innerhalb der letzten 10 Jahre ist im wesentlichen auf eine Verbesserung der aeroben Stoffwechselkapazität zurückzuführen, da die maximale Sauerstoffaufnahmefähigkeit fast gleich geblieben ist.

Die Ausdauerleistungsfähigkeit kann durch folgende **Schwellenwerte** charakterisiert werden:

Die **aerobe Schwelle** ist allgemein festgesetzt auf 2 mmol Laktat/l Blut und entspricht somit einer Belastungsintensität, bei welcher der Laktatspiegel diesen Wert gerade übersteigt (Abb. 21). Ab dieser Schwelle kann die benötigte Energie nur durch zusätzliche Energiegewinnung aus dem anaerob-laktaziden Stoffwechselweg bereitgestellt werden, der Laktatspiegel beginnt zu steigen. Bei Belastungsintensitäten unterhalb dieser Schwelle erfolgt die Energiegewinnung fast ausschließlich aerob; der Laktatspiegel bleibt in der Nähe des Ruhewertes (Abb. 22 A).

Der **aerob-anaerobe Übergangsbereich** ist der Bereich zwischen der aeroben und anaeroben Schwelle. Die Laktatbildung nimmt mit steigender Belastungsintensität zwar zu, jedoch stehen Laktatbildung und Laktatabbau immer im Gleichgewicht (Abb. 22 B).

Die **anaerobe Schwelle** liegt etwa bei 4 mmol Laktat pro Liter Blut, sie ist jedoch abhängig vom Trainingszustand. Bei Belastungsintensitäten an dieser Schwelle liegt ein maximales Laktatgleichgewicht vor, d.h. Laktatbildung und Laktatabbau stehen gerade noch im Gleichgewicht: maximales steady state. Der Trainierte erreicht erst bei höheren Werten der Herzfrequenz und der Sauerstoffaufnahme dieses maximale Gleichgewicht (Abb. 21 und Tab. 9), seine Laufgeschwindigkeit an der anaeroben Schwelle ist somit höher.

Eine höhere Belastungsintensität führt zu einem starken Anstieg des Laktatspiegels. Die Sauerstoffaufnahme reicht nicht mehr aus, den Gesamtenergiebedarf zu decken, es kommt zur schnellen Erschöpfung durch Übersäuerung (Abb. 22 C).

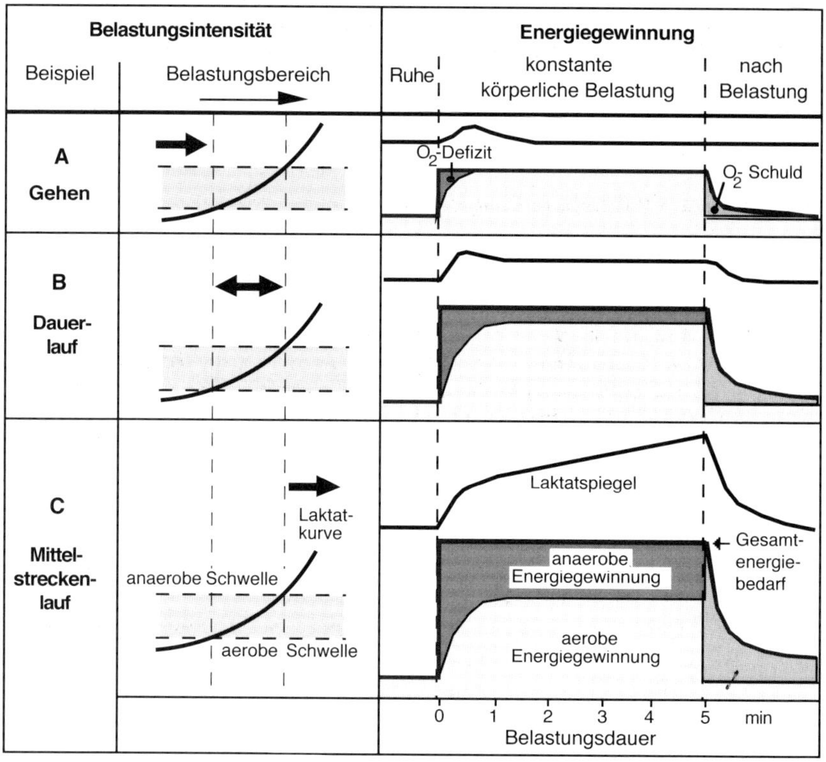

Abb. 22: Energiegewinnung im Bereich der aeroben und anaeroben Schwelle (verändert und ergänzt nach Markworth 1986, 254).

Sauerstoffdefizit, Sauerstoffschuld

Zu Beginn jeder Belastung entsteht ein **Sauerstoffdefizit**, weil der Körper mit der nur langsam anlaufenden Sauerstoffaufnahme den plötzlich auftretenden Sauerstoffbedarf nicht decken kann. Dieses Defizit vergrößert sich, wenn der Sauerstoffbedarf die Sauerstoffaufnahmefähigkeit übersteigt (Abb. 22 C). Nach Beendigung der Belastung läuft die aerobe Energiegewinnung weiter, die Sauerstoffaufnahme ist größer als der Ruhebedarf. Die Sauerstoffmenge, die nach Beendigung einer Belastung mehr als dem Ruhebedarf entsprechend aufgenommen wird, bezeichnet man als **Sauerstoffschuld**.
Die Sauerstoffmehraufnahme nach Belastungsende dient der erhöhten Aktivität des Herz-Kreislauf-Systems und folgenden Stoffwechselprozessen:

- Auffüllen der ATP/KP-Speicher (etwa 2 min),
- Auffüllen der Sauerstoffspeicher in Blut- und Muskelzellen,
- Abbau und Verwertung der Milchsäure (50% in etwa 15 min).

Die Zeit, die die einzelnen Erholungsprozesse benötigen, ist für die Gestaltung der

Pausenlänge bei den verschiedenen Trainingsmethoden von entscheidender Bedeutung (siehe S. 44 und 88 ff). Durch eine Verbesserung der Grundlagenausdauer können die Erholungsprozesse beschleunigt werden (siehe S. 39).
Auch bei Wettkämpfen mit stark wechselnden Belastungsintensitäten wie bei Ballspielen und Kampfsportarten spielt die Geschwindigkeit der Erholungsprozesse eine wichtige Rolle.

3.2 Abgrenzung der Ausdauerfähigkeiten

Je nach Interessenlage (sportmedizinische Untersuchung, Trainingsmethodik, Tests usw.) wird der physische Leistungsfaktor Ausdauer in der Literatur nach verschiedenen Kriterien in einzelne Fähigkeiten strukturiert (Tabelle 5, S. 38).
Hollmann beschreibt mit den drei Begriffspaaren allgemein-lokal, statisch-dynamisch und aerob-anaerob acht verschiedene Ausdauerfähigkeiten. Wie im Kapitel biologische Grundlagen gezeigt wurde, wird die Ausdauer aber vor allem durch Stoffwechseleigenschaften bestimmt. Um ein gezieltes Training durchführen zu können, unterscheidet man die Ausdauerfähigkeiten daher am sinnvollsten anhand ihrer **unterschiedlichen Anforderungen an den Stoffwechsel** (Belastungsintensität).

Einteilungs kriterien	AUSDAUERFÄHIGKEITEN	
Umfang der beanspruchten Muskulatur	**lokale Ausdauer**	(weniger als 1/7 der Skelettmuskulatur)
	allgemeine Ausdauer	(mehr als 1/7 der Skelettmuskulatur)
Arbeitsweise der Muskulatur	**statische Ausdauer**	(Dauerspannung)
	dynamische Ausdauer	(kontinuierlicher Wechsel von Spannung und Entspannung)
Energiegewinnung	**aerobe Ausdauer**	(ausreichendes O_2- Angebot)
	anaerobe Ausdauer	(ohne O_2 bzw. unzureichendes O_2- Angebot)
Belastungszeit und Belastungsintensität	**Schnellkraftausdauer**	Intensität ↑
	Kraftausdauer	
	Schnelligkeitsausdauer	
	Kurzzeitausdauer	(25 sec* bis 2 min)
	Mittelzeitausdauer	(2 bis 10 min)
	Langzeitausdauer	(mehr als 10 min)
Sportdisziplin	**Grundlagenausdauer**	(aerobe Ausdauer, disziplinunabhängig)
	spezielle Ausdauer	(Mischform aus verschiedenen Fähigkeiten mit aerober und anaerober Energiegewinnung)

* in der Literatur unterschiedliche Angaben

Tab. 5: Einteilungskriterien für verschiedene Ausdauerfähigkeiten.

auswendig

3.3 Allgemeine aerobe Ausdauer (aerobe Kapazität)

Die Belastungsintensität liegt unter der anaeroben Schwelle. Die Energiegewinnung ist vorwiegend aerob. Die aufgenommene Sauerstoffmenge reicht aus, um die benötigte Energiemenge bereitzustellen (Sauerstoffgleichgewicht = steady state).

Sie entspricht der allgemein-dynamisch-aeroben Ausdauer nach Hollmann. Ihre Ausprägung kann durch die Laufgeschwindigkeit, bei der die anaerobe Schwelle erreicht wird, gemessen werden. Leistungsbestimmend sind im wesentlichen folgende Faktoren:

1. Je größer die **maximale Sauerstoffaufnahme,** desto mehr Sauerstoff steht für die aerobe Energiegewinnung zur Verfügung. Die Sauerstoffaufnahmefähigkeit kann durch eine Zunahme des Schlagvolumens, der arterio-venösen Sauerstoffdifferenz und der Transportkapazität des Blutes (siehe S. 52) erhöht werden.
2. Bei einem bestimmten Sauerstoffangebot kann um so mehr Energie auf aerobem Weg bereitgestellt werden, je besser die **Sauerstoffausnutzung im Muskel** ist. Sie wird vor allem durch die Anzahl der Blutkapillaren im Muskel und den Gehalt an Enzymen für den aeroben Stoffwechsel in den Muskelfasern begrenzt. Je höher der Prozentsatz, mit dem die maximale Sauerstoffaufnahmefähigkeit an der anaeroben Schwelle genutzt werden kann, um so besser ist die Sauerstoffausnutzung (siehe Tab. 9, S. 45).
3. Bei Belastungen, die an der **anaeroben Schwelle** liegen und **über 40 min** dauern, ist auch die **Größe der Glykogenspeicher** leistungsbestimmend (allmähliche Speicherentleerung, langsamere Energiebereitstellung).
4. Da bei geringeren Belastungsintensitäten, die **über 90 min** dauern, die Glykogenspeicher in keinem Fall ausreichen, wird auch die **Fähigkeit, Fettsäuren verstärkt zur Energiegewinnung zu nutzen**, leistungsbestimmend.

3.4 Allgemeine anaerobe Ausdauer (anaerobe Kapazität)

Die Belastungsintensität liegt über der anaeroben Schwelle. Die Energiegewinnung ist vorwiegend anaerob-alaktazid und anaerob-laktazid. Es entsteht ein erhebliches Sauerstoffdefizit.

Leistungsbestimmend sind Faktoren, die die **Kraft** und **Schnelligkeit** bestimmen, und vor allem die Fähigkeit, in kurzer Zeit große Energiemengen bereitzustellen. Die Energiegewinnung ist deshalb fast nur durch Abbau der energiereichen Phosphate und durch Glykolyse (Milchsäurebildung) möglich.

Im einzelnen sind folgende Faktoren leistungsbestimmend:

1. Bei Belastungen **bis 20 sec** ist die **Größe der Phosphatspeicher** für die Energiebereitstellung entscheidend (geringe Speicherkapazität).
2. Durch einen **großen Muskelglykogenspeicher** wird die Glykolyse beschleunigt und die Muskulatur kann bei Übersäuerung länger arbeiten.

3. Je höher der **Gehalt an Enzymen für die Glykolyse** in den Muskelfasern ist, um so mehr ATP kann pro Zeiteinheit gebildet werden.
4. **Pufferkapazität des Blutes**[1]: Bei allen intensiven Belastungen über 20-30 sec kommt es durch Milchsäurebildung zu einer starken Übersäuerung. Diese kann durch Puffersubstanzen im Blut hinausgezögert werden.
5. **Säuretoleranz**: Man versteht darunter die Fähigkeit des Muskels, trotz Übersäuerung (physiologisch) und trotz Schmerzgefühl (psychologisch) die Muskelarbeit aufrecht zu erhalten. Diese Eigenschaft ist für alle Belastungen über 40 sec von großer Bedeutung.
6. **Kapillarisierung**: Mit Hilfe einer guten Muskeldurchblutung kann die Ermüdung und Übersäuerung des Muskels hinausgezögert werden.

In der Trainingspraxis hat sich gezeigt, dass die Strukturierung in aerobe und anaerobe Ausdauer für ein gezieltes Training der Ausdauerfähigkeiten in einzelnen Sportdisziplinen zu ungenau ist. Vielmehr ist für jede Disziplin ein spezifischer Anteil von Kraft und Schnelligkeit und von aerober und anaerober Energiegewinnung charakteristisch. Dieses Verhältnis ist abhängig von der Belastungsintensität und somit auch von der Belastungszeit. Gezielte Maßnahmen sind deshalb eher möglich, wenn die Ausdauer nach der jeweiligen Belastungszeit strukturiert wird. Dieser speziellen Ausdauer wird die von der Sportart und Disziplin unabhängige Grundlagenausdauer gegenübergestellt (Abb. 24, S. 41). Im folgenden wird die Ausdauer somit in die **Ausdauerfähigkeiten** Grundlagenausdauer und spezielle Ausdauer und diese wiederum in die **speziellen Ausdauerfähigkeiten** Kurzzeitausdauer, Mittelzeitausdauer, Langzeitausdauer und azyklische Spielausdauer gegliedert.

3.5 Grundlagenausdauer

Sie ist die sportartunabhängige Ermüdungswiderstandsfähigkeit bei Langzeitbelastungen unter dem Einsatz großer Muskelgruppen (mehr als 1/7 der Skelettmuskulatur). Die Belastungsintensität reicht bis zur aeroben Schwelle, die Energiegewinnung ist ausschließlich aerob.

Die Grundlagenausdauer entspricht der aeroben Ausdauer geringer bis mittlerer Intensität. Leistungsbestimmend sind deshalb vor allem die **maximale Sauerstoffaufnahme**, die **Sauerstoffausnutzung** und die **Fähigkeit, Fettsäuren zur Energiegewinnung** zu nutzen.
Das Training ist unabhängig von Übungsformen, deshalb kann die Grundlagenausdauer mit allen Sportarten trainiert werden; sie ist die Basis für das Training der speziellen Ausdauer und die Voraussetzung für eine schnelle Erholungsfähigkeit. Die Grundlagenausdauer hat daher für alle Sportarten grundlegende Bedeutung.

3.6 Spezielle Ausdauer

Kurzzeitausdauer (KZA, 25 sec - 2 min)

Der Energiebedarf pro Zeiteinheit ist sehr hoch, es überwiegt die anaerob-laktazide Energiegewinnung. Kraft- und Schnelligkeitsfähigkeiten haben hier etwa die gleiche Bedeutung wie die leistungsbestimmenden Faktoren der Ausdauer.

[1] Pufferkapazität siehe Puffersubstanzen S. 27.

Die Belastungsintensität liegt weit über der anaeroben Schwelle, der Laktatspiegel steigt deshalb sehr schnell und führt schließlich durch Übersäuerung zur Erschöpfung. In Abbildung 23 ist die Energiegewinnung, wie sie z.B. für einen 800-m-Lauf typisch sein könnte, im Zusammenhang dargestellt.

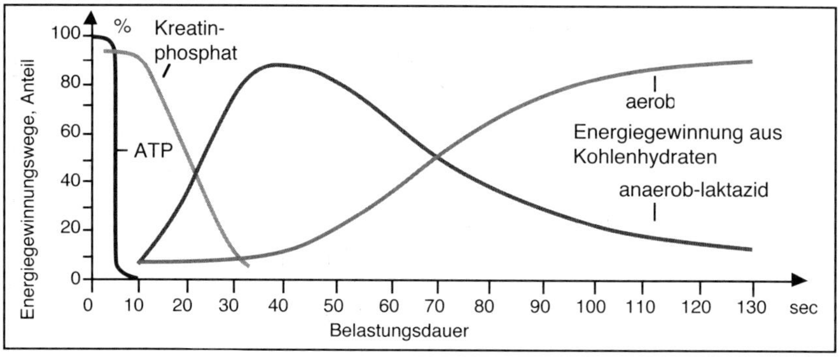

Abb. 23: Reihenfolge und Überlagerung der verschiedenen Energiegewinnungswege während eines 800-m-Laufs (verändert nach Keul 1969, 38).

Die Kurzzeitausdauer wird im Wesentlichen durch folgende Faktoren beeinflusst:

1. Aufgrund der hohen Belastungsintensität ist das Niveau von **Maximalkraft, Schnellkraft** und **Aktionsschnelligkeit** leistungsbestimmend.
2. Da pro Zeiteinheit sehr viel Energie bereitgestellt werden muss, sind auch alle **leistungsbestimmenden Faktoren der anaeroben Kapazität** für die Ausprägung der Kurzzeitausdauer von Bedeutung; lediglich die Größe der Phosphatspeicher hat einen geringen Einfluß.
3. Bei Belastungen **über 90 sec** gewinnt auch zunehmend die **aerobe Kapazität** an Bedeutung.

Mittelzeitausdauer (MZA, 2 - 10 min)

Die Energiegewinnung erfolgt etwa zu gleichen Teilen anaerob und aerob. Kraft- und Schnelligkeitsfähigkeiten spielen eine untergeordnete Rolle.

Wie Abbildung 24 zeigt, ist bei den einzelnen Laufstrecken zwischen 800 m und 3000 m der Anteil von aerober und anaerober Energiegewinnung zwar sehr verschieden, doch sind, wenn auch jeweils in unterschiedlichem Maße, die **anaerobe und die aerobe Kapazität** leistungsbestimmend. Da die Belastungszeit zwischen 2 und 10 min liegt, haben von allen leistungsbestimmenden Faktoren der anaeroben und aeroben Kapazität lediglich die Größe der Phosphatspeicher und die Fähigkeit, Fettsäuren verstärkt zur Energiegewinnung nutzen zu können, keine Bedeutung.

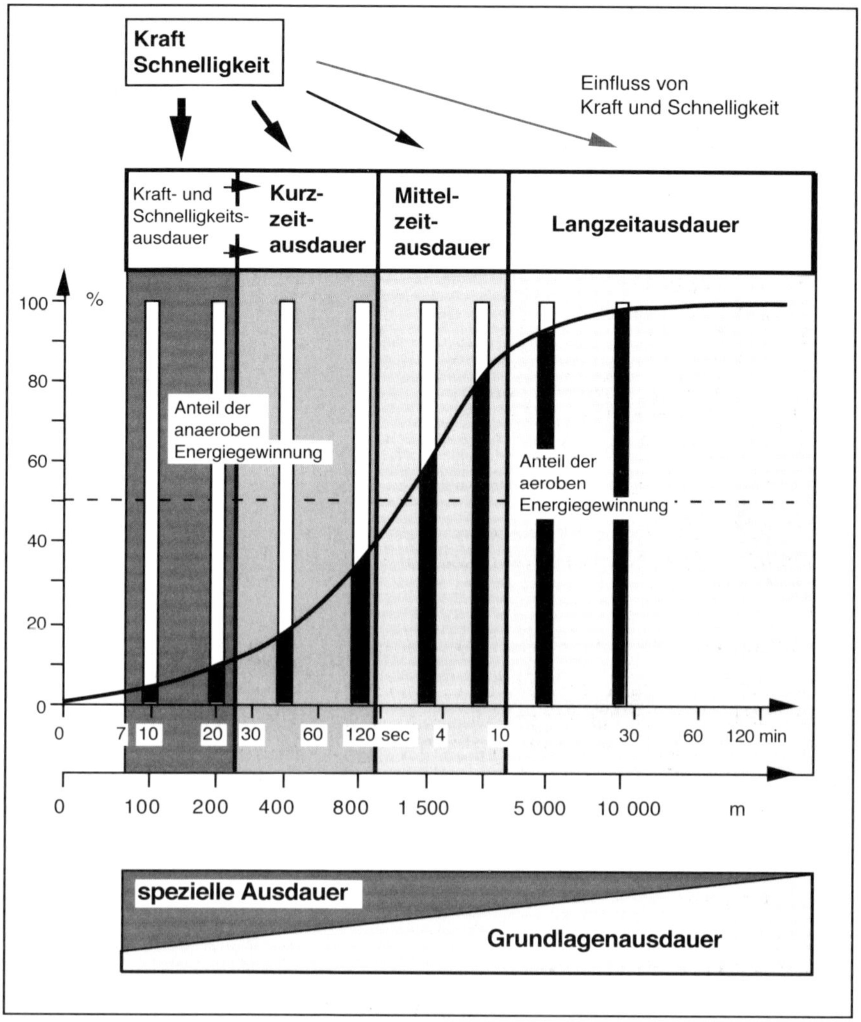

Abb. 24: Abgrenzung der Ausdauerfähigkeiten (in der Literatur unterschiedlich).

Langzeitausdauer (LZA, über 10 min) [1]

Die Energie wird überwiegend und mit zunehmender Belastungszeit fast ausschließlich durch die aerobe Energiegewinnung geliefert. Kraft- und Schnelligkeitsfähigkeiten spielen nur noch bei kurzzeitiger Erhöhung der Belastungsintensität eine wichtige Rolle.

[1] Eine weitere Differenzierung ist im Rahmen dieses Buches nicht möglich (s. Grosser 1986, 122 f).

Bei Belastungen **über 40 min** entspricht die Langzeitausdauer der **allgemeinen aeroben Ausdauer**. Die leistungsbestimmenden Faktoren sind deshalb identisch.
Die höchsten Werte der Sauerstoffausnutzung im Muskel werden bei 10 000-m-Läufern und bei Marathonläufern gemessen (siehe Tab. 9, S. 45).
Bei Belastungen **unter 35 min** führt der anaerobe Anteil der Energiebereitstellung zu einer mäßigen Anreicherung von Laktat im Blut (ca. 10 mmol/l). Daher hat in diesem Belastungsbereich auch die **Säuretoleranz** (siehe anaerobe Kapazität) eine wichtige Bedeutung.
Schließlich scheint auch der Anteil der ST-Fasern in der Muskulatur (siehe S. 61) eine wichtige Rolle zu spielen. Bei 10 000-m-Läufern beträgt der ST-Faseranteil etwa 70%, bei Marathonläufern etwa 90%.

Bei der Strukturierung der Ausdauer in Kurz-, Mittel- und Langzeitausdauer muss man beachten, dass die Übergänge fließend und in den Übergangsbereichen die Anforderungen an den Stoffwechsel sehr spezifisch sind.
Die zeitliche Abgrenzung von Kurz-, Mittel- und Langzeitausdauer bezieht sich nur auf dynamische Belastungen. Bei statischer Arbeitsweise wird die Muskeldurchblutung mit zunehmendem Kraftaufwand verringert (siehe Abb. 19), deshalb ist der Anteil der anaeroben Energiegewinnung erhöht. Statische Belastungen im Kurzzeitausdauerbereich gibt es z.B. im Ringen, Schießen und Skiabfahrtslauf. Hier ist vor allem die Kraftausdauer leistungsbestimmend.

Azyklische Spielausdauer (über 10 min)

Die Belastungsintensitäten wechseln sehr stark. In Phasen mit hoher Intensität dominieren Kraft- und Schnelligkeitsfähigkeiten, in Phasen mit geringerer Intensität ist für eine schnelle Erholung die Grundlagenausdauer von entscheidender Bedeutung.

Es handelt sich hier um eine komplexe Ausdauerfähigkeit. Je länger die Spielzeit, um so wichtiger wird die **Grundlagenausdauer** für die Erhaltung des Leistungsniveaus im Kraft- und Schnelligkeitsbereich.
Die Phasen mit intensiver Belastung liegen zeitlich unter der Kurzzeitausdauer, so dass vorwiegend **Kraft- und Schnelligkeitsausdauer** leistungsbestimmend sind.

Bedeutung der speziellen Ausdauerfähigkeiten
(Abgrenzung von Kraft- und Schnelligkeitsausdauer)

In der Literatur werden für länger dauernde Kraft- und Schnelligkeitsbelastungen auch die Begriffe Kraftausdauer (Ausdauerkraft) und Schnelligkeitsausdauer verwendet. Außer den die Kraft und Schnelligkeit bestimmenden Faktoren ist die anaerobe Energiegewinnung leistungsbestimmend. Dadurch kommt es zu zeitlicher und begrifflicher Überschneidung mit der Kurz- und Mittelzeitausdauer. Aus Gründen der Vereinfachung und der Übersichtlichkeit werden hier **Kraft- und Schnelligkeitsausdauer auf Belastungssituationen beschränkt, in denen Kraftfähigkeiten, Schnelligkeitsfähigkeiten und anaerobe Energiegewinnung dominieren:**

1. **Intensive** Belastungen zwischen **7 sec** und **2 min.**
2. **Kraftausdauer** auch bei längeren Belastungen bis etwa **6 min**, wenn die **Bewegungsausführung** relativ **langsam** und mit **geringer Frequenz** erfolgt, z.B. beim Rudern, Schwimmen, Eisschnellauf, Radfahren.

Aus den oben genannten Gründen werden Kraftausdauer und Schnelligkeitsausdauer im Kapitel Kraft als Kraftfähigkeit bzw. im Kapitel Schnelligkeit als Schnelligkeitsfähigkeit besprochen.
Die **speziellen Ausdauerfähigkeiten** (KZA, MZA, LZA, azyklische Spielausdauer) umfassen ohne Einschränkung alle Belastungen, die **länger als 25 sec** dauern. Sie berücksichtigen Kraft- und Schnelligkeitsfähigkeiten in gleichem Maße wie die leistungsbestimmenden Faktoren der Energiegewinnung. Indirekt werden also auch Kraft- und Schnelligkeitsausdauer mit einbezogen.

	Leichtathletik	Radsport	Eisschnellauf	Skilanglauf	Rudern	Schwimmen
Kurzzeit-ausdauer 25"-2 min	400 m 400 m Hü 800 m	1 000 m Zeitfahren	500 m Da,He 1 000 m Da,He 1 500 m Da,He			100 m Kr, Br, De, Rü 200 m Kr, Br, De, Lag.
Mittelzeit-ausdauer 2-10 min	1 000 m 1 500 m 3 000 m 3 000 m Hi	4 000 m Verfolgung	3 000 m Da 5 000 m He		1 000 m 2 000 m	400 m Kr 400 m Lag. 800 m Kr
Langzeit-ausdauer 10-35 min	5 000 m 10 000 m		10 000 m He	5 km Da 10 km Da 10 km He (Staffel)		1 500 m Kr
35-90 min	25-km-Lauf Stundenlauf 20 km Gehen	30-50 km Einzelzeit-fahren		15 km He 20 km Da	10 km Lang-strecken-rudern	
90 min-6 h	Marathonlauf 50 km Gehen	100 km und mehr		30 km He 50 km He Volksläufe		

Tab. 6: Bedeutung der speziellen Ausdauerfähigkeiten in verschiedenen Sportarten (verändert nach Grosser 1986, 128).

Aufgaben

11. *Erläutern Sie anhand von Beispielen die Vor- und Nachteile der einzelnen Energiegewinnungswege.*

12. *Welche Bedeutung haben die einzelnen Energiegewinnungswege und Energiespeicher bei einem 800-m-Lauf?*

13. *Erläutern Sie die Begriffe steady state und Sauerstoffschuld.*

14. *Warum kann man, ohne Sauerstoff aufzunehmen, 100 m trotzdem schnell laufen?*

15. *Welche Bedeutung hat die anaerobe Schwelle für Kurz-, Mittel- und Langzeitausdauer?*

4. Ausdauertraining

4.1 Trainingsziele

Grundsätzlich können drei verschiedene Ziele angesteuert werden:
- Grundlagenausdauer im Gesundheitssport,
- Grundlagenausdauer als Basis für den Leistungssport,
- spezielle Ausdauer (KZA, MZA, LZA, azyklische Spielausdauer) entprechend den Anforderungen der jeweiligen Disziplin/Sportart.

4.2 Trainingsmethoden

Die Ausdauertrainingsmethoden lassen sich in drei Hauptgruppen einteilen: Dauermethoden, Intervallmethoden und Wiederholungsmethode. Die Belastungsgefüge dieser Methoden unterscheiden sich vor allem aufgrund der unterschiedlichen Reizintensität und der sich daraus ergebenden Pausenlänge zwischen den einzelnen Reizen und Reizserien.

METHODEN des AUSDAUERTRAININGS	**Intensität**	**Pause**
Dauermethoden	unter der anaeroben Schwelle	keine
Intervallmethoden	über der anaeroben Schwelle	lohnend (unvollständige Erholung)
Wiederholungsmethode	annähernd maximal (jeweilige Bestzeit)	lang (vollständige Erholung)

Tab. 7: Vergleich der Ausdauertrainingsmethoden.

Für ein gezieltes Training einzelner leistungsbestimmender Faktoren der Ausdauer müssen die Belastungsintensitäten innerhalb der einzelnen Trainingsmethoden genauer differenziert werden. In der Trainingspraxis erfolgt dies durch eine **%-Angabe der Laufgeschwindigkeit** (Laufzeit) in Bezug auf die Maximalgeschwindigkeit (Bestzeit) über die jeweilige Laufstrecke. Anhand der Herzfrequenz kann die Einhaltung der Schwellenwertbereiche kontrolliert werden.

Dauermethoden

1. Kontinuierliche Methoden

Die Belastungsintensität ist konstant und darf nicht über der anaeroben Schwelle liegen. Ansonsten würde die für einen trainingswirksamen Reiz notwendige Belastungsdauer aufgrund zu früher Ermüdung nicht erreicht werden. Die Wirkung ist abhängig von der Intensität.

kontinuierliche DAUERMETHODE	**extensiv**	**intensiv**
Intensität	aerobe Schwelle (ca. 60 - 80 % der Bestzeit)	aerob - anaerober Übergangsbereich (ca. 80 - 90 % der Bestzeit)
Dauer	ca. 80 min - 2 Stunden (Laufstrecken: ca. 15 - 30 km)	ca. 30 min - 60 min (Laufstrecken: ca. 6 -15 km)
Wirkung (wesentl.)	**- Verbesserung der Herz-Kreislauf-Funktion** - Verbesserung der aeroben Energiegewinnung **aus Fetten** ↙	↘ **aus Kohlenhydraten** durch: - Verb. d. O_2- **Ausnutzung** im Muskel - Vergrößerung der **Glykogenspeicher**

Tab. 8: Intensität und Wirkung der kontinuierlichen Dauermethoden.

Für eine optimale Trainingswirkung müssen die Schwellenwerte eingehalten werden. Leistungssportler werden deshalb regelmäßig auf dem Laufband oder mit vergleichbaren Tests untersucht. Eine gute Ausdauerleistungsfähigkeit ist dadurch gekennzeichnet, dass ein möglichst hoher Prozentsatz der maximalen Sauerstoffaufnahme genutzt wird, bevor es zu einer verstärkten Laktatbildung kommt. Die Schwellenwerte werden daher durch Prozent der maximalen Sauerstoffaufnahme oder durch die Herzfrequenz gekennzeichnet. Sie sind abhängig vom Trainingszustand und vom Lebensalter (siehe S. 48).

TRAININGSZUSTAND	**Aerobe Schwelle** (2 mmol)			**Anaerobe Schwelle** (4 mmol)		
	% VO_2max	HF	km/h	% VO_2max	HF	km/h
TENNISSPIELERIN (18 J.)	40	152	6	73	188	11,3
MITTELSTRECKENLÄUFERIN (17J.)[1]	68	168	11	90	191	14,4
allgemeine Werte: [2]						
UNTRAINIERTE	45-50	125-130	–	50-70	140-150	–
TRAINIERTE	60-65	150-160	–	70-80	170-175	–
HOCHTRAINIERTE	–	–	–	85-95	180-190	–

Tab. 9: Werte für die aerobe und anaerobe Schwelle in Abhängigkeit vom Trainingszustand ([1] Werte aus Abb. 21, [2] Werte aus Grosser 1986,116).

2. Tempowechselmethode

Die **Intensität** wird bei dieser Methode innerhalb einer gewissen Bandbreite (z.B. 140 - 180 HF) **planmäßig variiert**. Nach einer kurzen Phase mit einer Intensität über der anaeroben Schwelle folgt eine längere Phase mit einer Intensität deutlich unterhalb der anaeroben Schwelle; in dieser Zeit kann die Milchsäure im Blut wieder abgebaut werden. Im Durchschnitt liegt die Belastungsintensität somit unter der anaeroben Schwelle. Zusätzlich zu den Trainingswirkungen der kontinuierlichen Dauermethoden werden die anaerob-laktazide Energiegewinnung und die Regulationsmechanismen bei wechselnder Belastungsintensität verbessert. Diese Methode wird nur im Leistungssport angewandt.

3. Fahrtspiel

Im Gegensatz zur Tempowechselmethode wird die **Intensität spielerisch und von niedrig bis maximal variiert**; es werden verschiedene Leistungsfaktoren trainiert. Wesentliche Trainingswirkung ist die Verbesserung der aeroben Ausdauer.

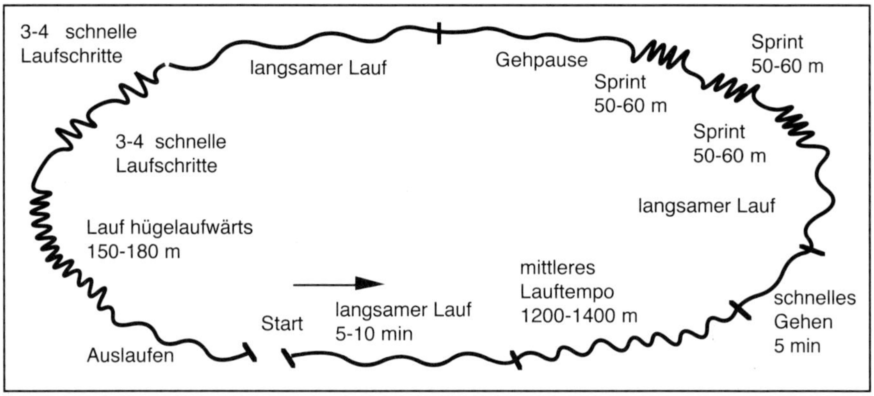

Abb. 25: Schema eines Fahrtspiels (verändert nach Kloos 1986, Bd. 11, 36).

Intervallmethoden

Bei den Intervallmethoden wird zwischen den einzelnen Belastungen keine vollständige Erholung abgewartet. Da die Erholung logarithmisch verläuft, erholt sich der Körper im ersten Drittel der Erholungszeit etwa zu zwei Dritteln. Bei der unvollständigen Erholung wird nur dieses erste Drittel genutzt, man bezeichnet dies als lohnende Pause.
Die Pausenlänge kann stark variieren. Sie ist um so kürzer, je besser der Trainingszustand (Grundlagenausdauer) und je kürzer die Belastung ist (siehe S. 37). Als **Orientierungshilfe** kann die **Pulsfrequenz** dienen. Nach Erreichen einer Pulsfrequenz von etwa 120-140 S/min kann der nächste Belastungreiz gesetzt werden.

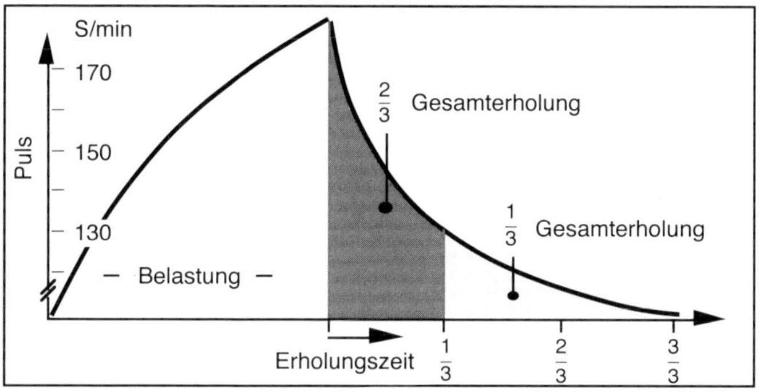

Abb. 26: Belastung und lohnende Pause.

Entsprechend der Belastungsintensität unterscheidet man die **extensive und intensive Intervallmethode.**

INTERVALLMETHODE	extensiv	intensiv
Intensität (% der Bestzeit)	**60 - 80 %**	**80 - 90 %**
Dauer (Einzelreiz, Streckenlänge)	ca. 1 - 8 min (ca. 300 - 2 000 m)	ca. 14 sec - 4 min (ca. 100 - 1 200 m)
Umfang (Wiederholungen)	4 - 20	3 - 12 (3 - 4 Wiederh. in 3 - 4 Serien)
Pause	**1/3 Erholung** (1,5 - 4 min)	**2/3 Erholung** (2 - 6 min, Serienpause ca. 10 min)
Wirkung	**- Verbesserung der Herz-Kreislauf-Funktion** (max. O_2- Aufnahme) - Verbesserung der Energiegewinnung aus Kohlenhydraten **aerob** ↙ - Vergröß. der **Glykogenspeicher** - Verbess. d. **O_2- Ausnutzung**	↘ **anaerob-laktazid** - Verbess. der **Säuretoleranz** - Erhöh. der **Pufferkapazität**

Tab. 10: Vergleich der Intervallmethoden.

Die Intensitätsangaben beziehen sich auf die Bestzeiten über die jeweilige Teilstrecke. In Tabelle 11 (S.48) sind Beispiele für die extensive und intensive Intervallmethode dargestellt.

Wiederholungsmethode

Charakteristisch für die Wiederholungsmethode ist die maximale Intensität (90 - 100%), der geringe Umfang (2-6 Wiederholungen) und die vollständige Erholungspause (6 - 30 min).

INTER-VALL-METHODE	Lauf-strecke	Bestzeit	Intensität % der Bestzeit	Dauer	Umfang (Anzahl der Läufe)	Pause
extensiv	400 m 800 m	56 sec 2:06 min	**70 %**	80 sec 3:00 min	10 bis 20 5 bis 10	60-90 sec 60-120 sec
intensiv	400 m 800 m	56 sec 2:06 min	**85 %**	65,9 sec 2:28,2 min	4 bis 6 in Serien: 2x 2-3 4 bis 8 in Serien: 2x 2-4	2-5 min Serienpause: 5-10 min 2-5 min Serienpause: 5-10 min

Tab. 11: Beispiele für extensive und intensive Intervallmethode (verändert nach Schmolinsky 1971,67 u. 74).

Die Belastungsdauer bzw. Streckenlänge kann zwischen 90 m und 2 000 m beliebig variiert werden, so dass mit der Wiederholungsmethode sehr gezielt verschiedene Trainingswirkungen angesteuert werden können. Mit der Wiederholungsmethode kann eine schnelle Verbesserung des Leistungsniveaus erreicht werden. Allerdings wird diese Methode wegen der hohen Intensität nur im Leistungssport angewandt.

WIEDERHOLUNGSMETHODE	
Belastungsdauer	**wesentliche Trainingswirkung**
bis 20 sec	- Vergrößerung der **Phosphatspeicher** - Verbesserung der **anaerob-laktaziden** Energiegewinnung
30 - 60 sec	- Verbesserung der **anaerob-laktaziden** Energiegewinnung - Erhöhung der **Säuretoleranz** und **Pufferkapazität**
2 - 10 min	- Verbesserung der **anaerob-laktaziden** Energiegewinnung - Verbesserung der **aeroben** Energiegewinnung
über 10 min	- Verbesserung der **aeroben** Energiegewinnung

Tab. 12: Trainingswirkung bei unterschiedlicher Belastungsdauer.

4.3 Training der Grundlagenausdauer

Gesundheitssport

Ausdauertraining kann die Entwicklung degenerativer Veränderungen im Herz-Kreislauf-System, die zu Erkrankungen führen, verhindern bzw. verzögern. Um dies zu erreichen, müssen durch Training Anpassungen im Herz-Kreislauf-System und Stoffwechsel ausgelöst werden. Dies kann durch Training der Grundlagenausdauer mit Hilfe der kontinuierlichen Dauermethode erreicht werden, wenn ein **Minimalprogramm** mit einer Belastung an der **aeroben Schwelle** eingehalten wird (extensive Dauermethode). Für hohe Gesundheitsstabilität und allgemeine Fitness müssen Intensität und Umfang nach einiger Zeit erhöht werden. Ein **Optimalprogramm** für Fortgeschrittene erfordert Belastungen **zwischen aerober und anaerober Schwelle** (intensive Dauermethode) und einen Gesamtumfang von etwa 35-40 km/Woche (siehe Tab.13).

TRAININGS-PROGRAMM	**Intensität** (Herzfrequenz, S/min)	**Häufigkeit/Dauer**
Minimal-programm (Anfänger)	**130** über 50 Jahre: 180 minus Lebensalter	**optim.: 3 x 20 min /Woche** altern.: - täglich 10 min - 4 x 15 min /Woche - 2 x 30 min /Woche
Optimal-programm (Fortge-schrittene)	**(170 - 1/2 Lebensalter) ±10** * über 60 Jahre: 180 minus Lebensalter	alternativ: - täglich 30-35 min - 5 x 40 min /Woche - 4 x 50 min /Woche - 3 x 70 min /Woche

* Der Spielraum ergibt sich aus der Sportart, der Belastungsdauer und dem Trainingszustand.

Tab. 13: Belastungsdosierung im Gesundheitssport (ergänzt n. Grosser 1986, 138).

Leistungssport

In Sportarten mit geringerer Bedeutung der Ausdauer (z.B. Kraftsport, Sprungdisziplinen) wird die Grundlagenausdauer entsprechend dem Optimalprogramm im Fitnessport trainiert. Mit zunehmender Bedeutung der Ausdauer muss die Belastungsdosierung genauer sein. In Disziplinen mit hohen Anforderungen an die Ausdauer, z.B. bei Laufstrecken ab 400 m, werden außer der extensiven und intensiven Dauermethode auch die Tempowechselmethode, das Fahrtspiel und die extensive Intervallmethode in das Trainingsprogramm aufgenommen.

4.4 Training der speziellen Ausdauer

Die spezielle Ausdauer umfasst jeweils sportart- bzw. disziplinspezifische Anteile der verschiedenen Energiegewinnungswege und auch verschiedene Anteile von Kraft- und Schnelligkeitsfähigkeiten. Zur Verbesserung der speziellen Ausdauerfähigkeiten muss ein Trainingsprogramm deshalb verschiedene Trainingsmethoden enthalten, die genau aufeinander abgestimmt sind. Aus Tabelle 14 wird ersichtlich, dass dabei für das Training der einzelnen Ausdauerfähigkeiten bestimmte Trainingsmethoden im Vordergrund stehen: für die Langzeitausdauer die Dauermethoden, für die Mittelzeitausdauer die Tempowechselmethode, das Fahrtspiel und die extensive Intervallmethode, für die Kurzzeitausdauer die intensive Intervallmethode und Wiederholungsmethode und für die azyklische Spielausdauer vor allem wettkampfspezifische Belastungen.

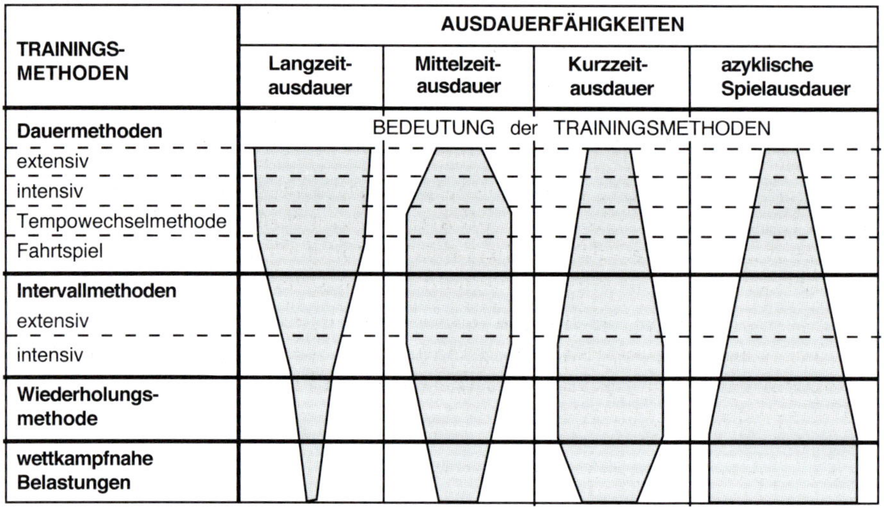

Tab. 14: Trainingsmethoden der speziellen Ausdauer (Überblick).
(Die Grundlagenausdauer als Basis der speziellen Ausdauer und die Trainingsmethoden zur Verbesserung von Kraft und Schnelligkeit sind nicht berücksichtigt).

5. Trainingsmittel für Ausdauertraining

Trainingsmittel dienen der Realisierung der Trainingsmethoden. Für die Dauermethoden kann eine Vielzahl verschiedener Trainingsmittel eingesetzt werden: Laufen, Skilanglaufen, Radfahren, Rudern und Schwimmen. Diese Trainingsmittel können je nach Bedarf noch weiter differenziert werden; so sind z.B. bei der Fahrtspielmethode Gehen, Sprints, Hügellauf,Tempoläufe usw. jeweils spezielle Trainingsmittel. Auch Ballspiele können, wenn die Spielregeln für einen kontinuierlichen Spielfluss sorgen, ein wirksames Trainingsmittel sein. Um eine trainingswirksame Belastungszeit zu erreichen, müssen die Spielzeiten aber etwa 2-3 mal so lang sein wie die Zeiten beim Laufen. Mit Hindernisbahnen lässt sich in der Halle ebenfalls ein Ausdauertraining nach der Dauermethode durchführen (Fahrtspielcharakter).

Da im **Gesundheitssport** eine exakte Belastungsdosierung nicht erforderlich ist, können die genanntenTrainingsmittel nahezu beliebig eingesetzt werden.

Im **Leistungssport** sollte sich die Bewegungsstruktur des Trainingsmittels an der Wettkampfdisziplin orientieren und eine genaue Dosierbarkeit möglich sein. Aus diesem Grund werden in der Regel nur wenige Trainingsmittel eingesetzt und die äußeren Bedingungen möglichst konstant gehalten. Ein Leichtathlet trainiert auf der Rundbahn, ein Schwimmer auf der 50/25-m-Bahn, ein Radfahrer auf seiner

Teststrecke. Hierbei wird vorwiegend nach den Intervallmethoden und der Wiederholungsmethode trainiert. Ein für alle Sportarten anwendbares Trainingsmittel ist das Circuittraining (siehe S. 79).

6. Trainingswirkungen durch Ausdauertraining
(Biologische Anpassungen)

6.1 Anpassungen der Muskelzelle

Jeder Belastungsreiz greift primär an der Muskelzelle an. Das Herz-Kreislauf-System hat die Aufgabe, die Bedürfnisse des Zellstoffwechsels zu erfüllen. Es kommt stets zu einer Anpassung aller beteiligten Strukturen und Prozesse, wobei die jeweilige Höhe der Anpassung von der Belastungsintensität abhängt.

Training unter aeroben Bedingungen verbessert vor allem die an der aeroben Energiegewinnung beteiligten Strukturen und Prozesse, Training unter anaeroben Bedingungen bewirkt hauptsächlich eine Anpassung der für die anaerobe Energiegewinnung notwendigen Faktoren.

Die Anpassungen finden auf mehreren Ebenen statt:

1. Vergrößerung der Energiespeicher:
   - Die energiereichen Phosphate und die gespeicherte Glykogenmenge können sich verdoppeln.
   - Die Myoglobinmenge (O_2-Speicher in der Muskelzelle) nimmt zu (ca. 80%) und kann bei Belastungsbeginn den noch langsamen O_2-Transport kompensieren.
2. Verstärkung der Enzymaktivitäten:
   - Glykolyse: Vermehrung der Enzyme durch Training unter anaeroben Bedingungen.
   - Citratzyklus und Atmungskette: Durch eine Vermehrung und Vergrößerung der Mitochondrien kann die aerobe Kapazität stark verbessert werden.
   - Mobilisierung von Fetten (Fettsäureabbau): Vermehrung der Enzyme durch Training an der aeroben Schwelle.
3. Verbesserung der Regulationsvorgänge:
   - Schnellere Umschaltung von Ruhe auf Belastung und umgekehrt.

Der größte Teil der Anpassungen bewirkt eine Verbesserung der Sauerstoffausnutzung. Dadurch wird die anaerobe Schwelle erst bei höheren Belastungsintensitäten erreicht, die Laktatkurve verschiebt sich nach rechts (siehe Abb. 21).

6.2 Anpassung des Herz-Kreislauf-Systems

Alle Anpassungen bewirken eine bessere Versorgung der Muskelzelle mit Sauerstoff und Glucose und eine bessere Entsorgung von Kohlendioxid und Milchsäure:

1. Kapillarisierung

Die absolute Zahl der Kapillaren pro Muskelfaser und der Querschnitt der Kapillaren wird vergrößert und dadurch die **Muskeldurchblutung verbessert**.

2. Herzvergrößerung

Durch Ausdauertraining kommt es zu einer Herzvergrößerung. Die Herzinnenräume werden erweitert und der Herzmuskel wird kräftiger (Gewicht). Dadurch kann sich :as **Schlagvolumen** unter Belastung **im Vergleich zum Untrainierten** fast **verdoppeln**. Die maximale Herzfrequenz kann durch Training kaum gesteigert werden. Das Herzminutenvolumen wird bei Belastung somit im Vergleich zu Normalpersonen vor allem aufgrund des größeren Schlagvolumens bis auf den doppelten Wert erhöht.

Trainings-zustand	**Herzgröße**		**Schlagvolumen**		**Herzfrequenz**		**Herzminuten-volumen**	
	Gewicht	Gesamt-volumen	Ruhe	Belastung	Ruhe	Belastung	Ruhe	Belastung
	g	ml	ml		Schläge/min		Liter	
untrainiert	200-300	600-800	60-90	75-105	60-80	ca. 200	ca. 5	ca. 18
ausdauer-trainiert	350-500	900-1300	95-115	170-200	40-60	ca. 200	ca. 5	ca. 39

Tab. 15: Eigenschaften des Herzens bei Normalpersonen und Ausdauertrainierten (Zusammenstellung aus der Literatur).

Ein solches Sportherz bringt zusätzlich zur größeren Leistungsfähigkeit noch weitere Vorteile:

- Ökonomischere Herzarbeit

In Ruhe und bei submaximalen Belastungen ist die Herzfrequenz im Vergleich zu Untrainierten niedriger, da das erforderliche Herzminutenvolumen durch eine Vergrößerung des Schlagvolumens erreicht wird. Durch die längeren Pausen zwischen den einzelnen Kontraktionen wird die Durchblutung und Sauerstoffversorgung des Herzmuskels verbessert.

- Abbau von Milchsäure

Herzmuskelzellen sind darauf spezialisiert, ihre Energie mit Hilfe von Sauerstoff hauptsächlich aus Fettsäuren und Milchsäure zu gewinnen. Ein größeres Herz kann somit den Anstieg des Laktatspiegels im Blut verzögern.

3. Zunahme des Blutvolumens

- Durch Zunahme des Blutvolumens erhöht sich die Gesamthämoglobinmenge. Dadurch wird die **Sauerstofftransportkapazität** um ca. 30 % verbessert.

- Das größere Blutvolumen **erhöht** die **Pufferkapazität** des Blutes, damit wird die Übersäuerung hinausgezögert.

Die Anpassungen des Herz-Kreislauf-Systems bewirken insgesamt eine Verbesserung der maximalen Sauerstoffaufnahme.

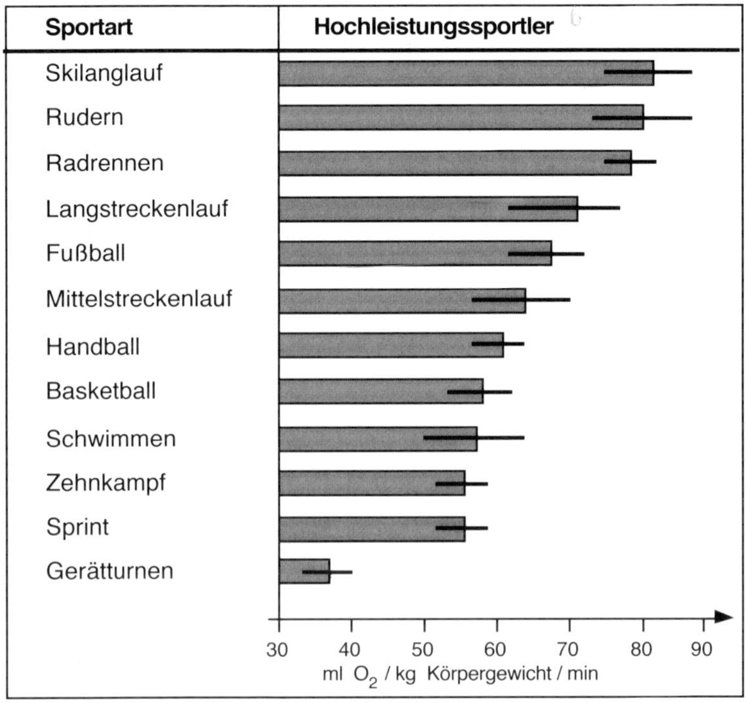

Abb. 27: Maximale 0_2-Aufnahme/kg Körpergewicht bei Sportlern verschiedener Sportarten (Werte aus Grosser 1986, Weineck 1987, Marees, de 1984).

Aufgaben

16. *Warum erreichen Ausdauertrainierte die anaerobe Schwelle erst bei höheren Belastungsintensitäten als Untrainierte?*

17. *Welche Bedeutung hat die Grundlagenausdauer und durch welche Methoden kann sie verbessert werden?*

18. *Stellen Sie alle Faktoren, die für die Ausdauerfähigkeiten leistungsbestimmend sein können, in einer Tabelle zusammen.*

19. *Welche Ausdauerfähigkeiten werden durch Kapillarisierung des Muskels* ver-

bessert? Begründen Sie ihre Aussage.

20. *Versuchen Sie die unterschiedliche Sauerstoffaufnahmefähigkeit bei Sportlern verschiedener Sportarten zu begründen.*

21. *Welche Methoden zur Verbesserung der Ausdauer unterscheidet man und worin liegen die wesentlichen Unterschiede?*

22. *Durch welche Trainingsmethoden lässt sich die aerobe bzw. die anaerobe Ausdauer verbessern? Begründen Sie.*

23. *Halten Sie es für gerechtfertigt, anhand der Testergebnisse in Aufgabe 10 (S.33) die Ausdauerleistungsfähigkeit zu beurteilen? Begründen Sie.*

24. *Warum sind besonders die Sportarten Laufen, Schwimmen und Radfahren für ein Ausdauertraining geeignet?*

25. *Nennen Sie aus den Mannschaftssportarten Basketball, Handball, Fußball und Volleyball Bewegungsabläufe (Spielsituationen), für die primär lokale bzw. allgemeine Ausdauer erforderlich ist.*

26. *Wie läuft in den in Aufgabe 25 genannten Beispielen die Energiebereitstellung ab?*

27. *Welcher Trainingsmethode können die Belastungsgefüge in Tabelle 1 (S. 12) und Tabelle 2 (S. 16) zugeordnet werden?*

28. *Wie sollte ein Fünfzigjähriger, der Erkrankungen des Herz-Kreislauf-Systems vorbeugen will, trainieren?*

KRAFT

1. Bedeutung der Kraft für die sportliche Leistung

Jede Bewegung erfordert Kraft, so dass es einleuchtend ist, seine Muskeln zu stärken. Mit gut ausgebildeter Muskulatur kann sich der Mensch schnellkräftig, ausdauernd und geschickt bewegen.[1]
Mangelnde Kraftfähigkeiten wirken sich nicht nur auf die konditionellen Faktoren negativ aus. Das Bewegungssystem ist im Sport starken Belastungen ausgesetzt. So führt z.B. unzureichende Muskelkraft im Bereich der Rückenmuskulatur zu Fehlhaltungen des Oberkörpers, die wiederum durch Überbelastung frühzeitig eine Leistungsminderung oder Schädigung verursachen können.

Die Bedeutung der Kraft liegt somit auf zwei für die sportliche Leistung entscheidenden Ebenen:

- Muskelkraft ist die Voraussetzung für die Realisierung sportlicher Leistung,
- Muskelkraft dient als Schutz vor Schädigung des Bewegungssystems.

[1] Grosser 1985

2. Biologische Grundlagen

2.1 Aufbau und Funktion der Skelettmuskulatur

In der Skelettmuskulatur wird durch Kontraktion die Kraft entwickelt, die für Bewegungen notwendig ist. Die Kontraktion beruht auf dem Zusammenspiel der kontraktilen Eiweißmoleküle **Aktin** und **Myosin.**
Die **Skelettmuskelfaser (B)** ist die kleinste zelluläre Einheit des Skelettmuskels. Das **Sarkomer (D)** stellt die kleinste kontraktile Einheit der Muskelfaser dar. Tausende hintereinandergeschaltete Sarkomere bilden die **Myofibrille (C)**.
Die Parallelschaltung aller Myofibrillen ergibt die von einer einzelnen Faser aufgebrachte Kontraktionskraft.

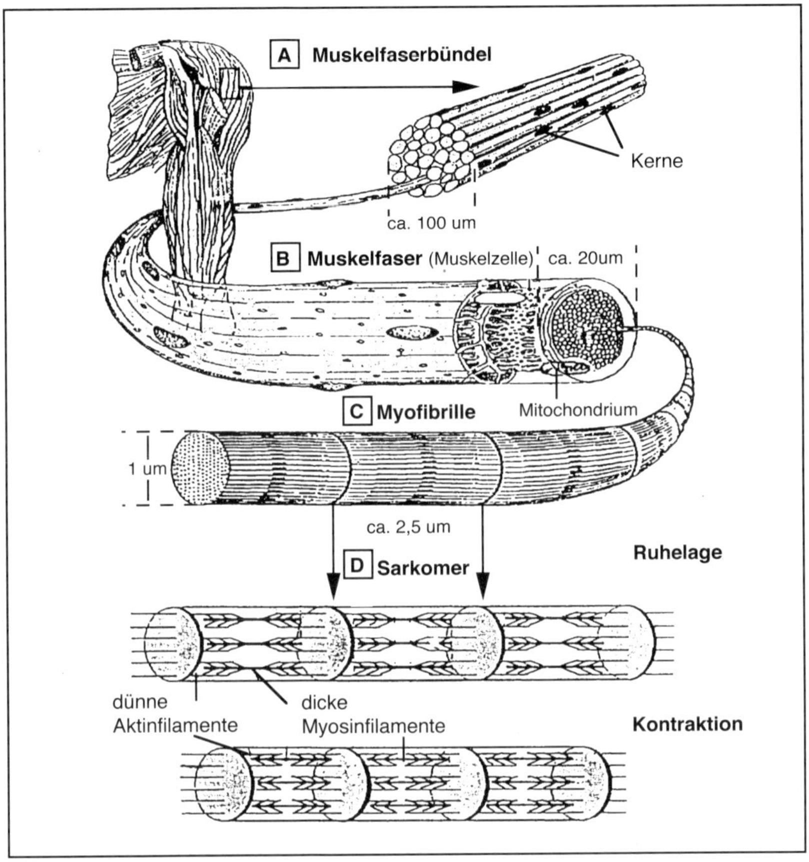

Abb. 28: Feinstruktur des Muskels (nach Markworth 1986, 29).

2.2 Muskelkontraktion

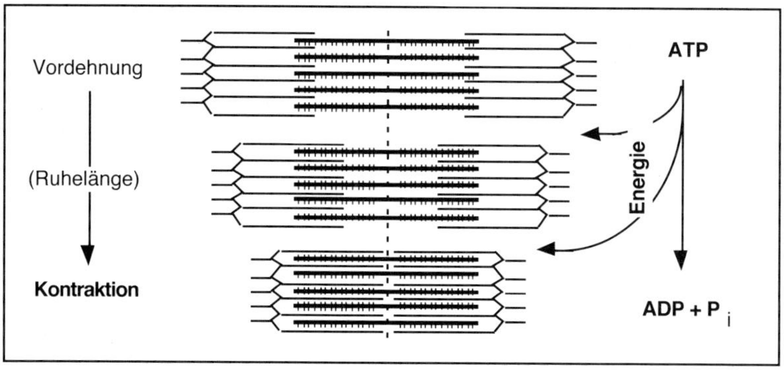

Abb. 29: Veränderung der Lage der Aktinfilamente bei Dehnung und Kontraktion eines Sarkomers.

Während der Kontraktion eines Muskels verkürzen sich die Sarkomere. Die dünneren Aktinfilamente werden unter Energieverbrauch zwischen die dicken Myosinfilamente gezogen: **Gleittheorie der Muskelkontraktion.** Die notwendige Energie wird durch Spaltung von ATP gewonnen.
Bei der Kontraktion entwickelt der Muskel Spannungskräfte, die durch Sehnen auf die Knochen übertragen werden und dadurch Bewegungen ermöglichen.

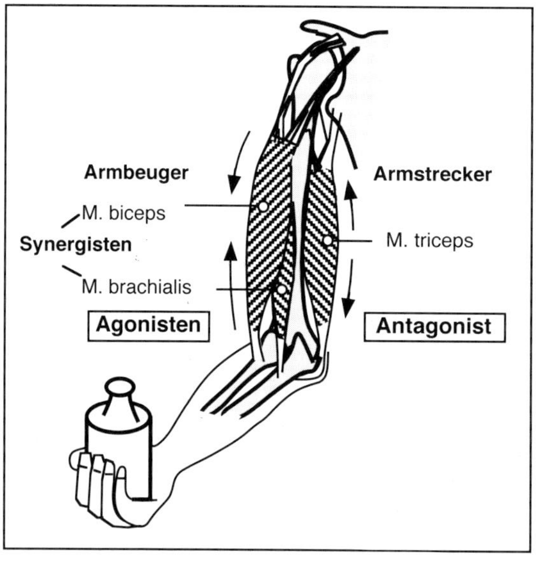

Beugen - Strecken
Ein Muskel kann durch Kontraktion entweder beugen oder strecken. Für die Gegenbewegung ist ein zweiter Muskel notwendig. Verkürzt sich der Beuger (Agonist), so wird der erschlaffte Strecker (Antagonist) passiv gedehnt und umgekehrt. Bei aktiver Streckung werden die Strecker als Agonisten und die Beuger als Antagonisten bezeichnet.

Abb. 30: Agonisten (Synergisten[1]) und Antagonisten bei der Beugung.

[1] Mehrere sich gleichzeitig kontrahierende Muskeln (Agonisten).

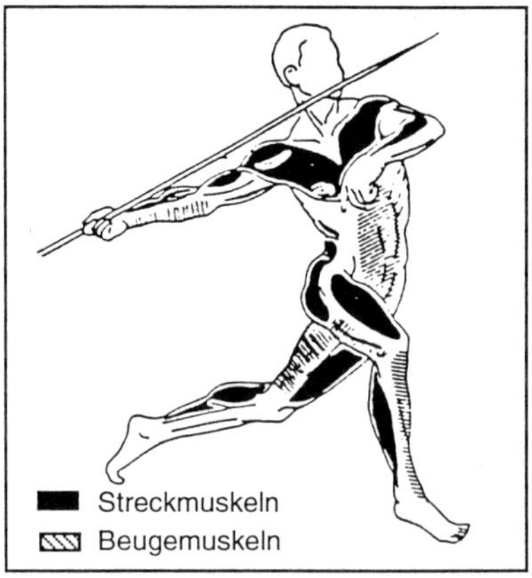

Das koordinierte Zusammenspiel verschiedener Muskeln bei einem gezielten Bewegungsablauf lässt sich trainieren. Durch "Automatisierung" wird erreicht, dass die antagonistisch arbeitenden Muskeln möglichst wenig hemmend wirken.

Abb. 31: Beteiligung verschiedener Antagonisten an der Speerwurfbewegung.
(Jonath, Krempel 1982, 135)

Das Zusammenspiel der Synergisten (Agonisten) und Antagonisten bezeichnet man als **intermuskuläre Koordination** .

2.3 Motorische Einheit

Die Kontraktion der Skelettmuskelfasern wird durch Nervenimpulse ausgelöst. Mehrere Muskelfasern werden durch eine motorische Nervenzelle kontrolliert (innerviert). Die motorische Nervenzelle und die von ihr innervierten Muskelfasern bilden die motorische Einheit. Je nach Funktion besteht ein Muskel aus mehr oder weniger solcher Einheiten. Augen- und Fingermuskeln besitzen z.B. kleine und relativ viele motorische Einheiten, Oberschenkelmuskulatur und Bizeps weisen große und entsprechend weniger Einheiten auf. Eine große Anzahl kleiner motorischen Einheiten ermöglicht eine gute Abstufbarkeit der Muskelkraft (Feinkoordination).

Die Gesamtheit der von einer motorischen Nervenzelle innervierten Muskelfasern bezeichnet man als **motorische Einheit** .

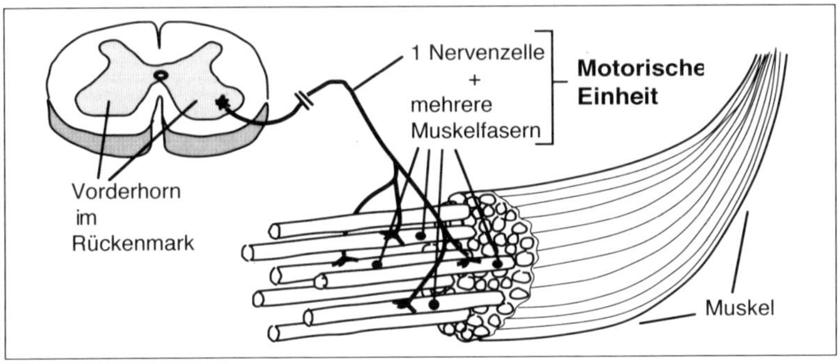

Abb. 32: Motorische Einheit.

2.4 Spannungsentwicklung

Das motorische Nervensystem reguliert im wesentlichen die Spannungsentwicklung in einem Muskel durch Aktivieren einer bestimmten Anzahl motorischer Einheiten.

Die Koordination zwischen den verschiedenen motorischen Einheiten des gleichen Muskels bezeichnet man als **intramuskuläre Koordination** .

Verschiedene Schutzeinrichtungen des motorischen Nervensystems verhindern, dass alle motorischen Einheiten des Muskels gleichzeitig aktiviert werden, um eine Überlastung von Sehnen und Muskeln zu vermeiden.
Durch Drogen (Doping!) oder in Gefahrensituationen können die hemmenden Einflüsse beseitigt werden, so dass eine höhere Anzahl motorischer Einheiten eingesetzt werden kann (siehe Abb. 3, S. 8).
Neben der intramuskulären Koordination spielt eine gewisse Vordehnung (Vorspannung) des Muskels für die größtmögliche Spannungsentwicklung eine Rolle. Bei sportlichen Bewegungen (Würfe, Sprünge) wird eine Vorspannung oft durch eine der Bewegungsrichtung entgegengesetzte Ausholbewegung erzeugt. Die Vordehnung entsteht durch die aktive Kontraktion der jeweiligen Antagonisten.
Eine technisch perfekte Ausholbewegung ist deshalb leistungsbegünstigend, weil die Energie, die der Antagonist zur Vordehnung des entsprechenden Muskels aufwendet, in den elastischen Bindegewebsstrukuren (siehe S. 93) gespeichert werden kann und zur aktiven Muskelspannung im Augenblick der Kontraktion addiert wird.
Für die Praxis wäre es nützlich, die optimale Größe der Ausholbewegung zu kennen. Da jedoch Winkelstellung der Gliedmaßen, Hebelverhältnisse und Muskelkraft individuell verschieden sind, können keine allgemein gültigen Werte angegeben werden.

Aufgaben

29. *Welche Funktion hat das ATP bei der Muskelkontraktion? Gehen Sie dabei auf die Gleittheorie ein.*

30. *Welche Bedeutung haben Größe und Zahl der motorischen Einheiten für die Funktion eines Muskels bei sportlichen Bewegungen?*

31. *Was versteht man unter antagonistischer Arbeitsweise der Muskulatur? Nennen Sie dazu Beispiele aus dem Sport.*

32. *Erläutern Sie die Bedeutung der intermuskulären Koordination für die Wirksamkeit des Krafteinsatzes bei Bewegungsabläufen.*

33. *Warum können sportliche Leistungen durch Muskelvordehnung verbessert werden? Nennen Sie Anwendungsbeispiele.*

2.5 Arbeitsweisen der Muskulatur und Ablauf der Kontraktion

In der Sportpraxis unterscheidet man dynamische und statische Arbeitsweisen der Muskulatur. Aus der Verschiebbarkeit von Aktin und Myosin ergibt sich eine Kürzung oder Dehnung bei entsprechender Spannungsänderung (Ablauf der Kontraktion). Dabei erfolgt zunächst immer eine Spannungsänderung und anschließend je nach den Bedingungen eine Längenänderung. Diese ist abhängig vom Verhältnis der inneren Kraft (Muskelkraft) zur äußeren Kraft (Reibung, Schwerkraft, Muskelkraft eines Partners).

Es lassen sich drei verschiedene Arbeitsweisen ableiten: **überwindend** (positiv-dynamisch = konzentrisch), **nachgebend** (negativ-dynamisch = exzentrisch) und **haltend** (statisch).

Beim Heben in den Ballenstand ist die innere Kraft größer als die äußere. Der Wadenmuskel wird dicker, kürzer und härter, er leistet Arbeit durch Spannungsänderung und Verkürzung; man bezeichnet dies als überwindende Arbeitsweise. Dieselbe Arbeitsweise liegt vor, wenn z.B. beim Klimmzug die Arme gebeugt werden. Beim Senken aus dem Ballenstand in den Stand ist die äußere Kraft größer als die innere. Die Muskulatur wird in kontrahiertem Zustand durch äußere Kräfte auf ihre Ruhelänge (oder darüber hinaus) gedehnt; es handelt sich dabei um nachgebende Arbeitsweise. Angewandt wird diese z. B. bei Auftaktbewegungen und bei Landungen.

Die meisten sportlichen Bewegungen beruhen auf einer Kombination von nachgebender und überwindender Arbeitsweise: **nachgebend-überwindend** (reaktiv).

Bei statischer Arbeitsweise befinden sich äußere und innere Kräfte im Gleichgewicht. Bekanntes Beispiel ist das Halten des Kreuzhangs an den Ringen. Die Muskulatur entwickelt die Kraft ausschließlich durch Spannungsänderung. Bereits bei 15% der Maximalkraft werden die Kapillaren leicht zusammengedrückt (siehe S.30), so dass eine Behinderung der lokalen Muskeldurchblutung erfolgt; daraus erklärt sich die zeitliche Begrenzung der Haltearbeit. Die haltende Arbeitsweise kommt in der Sportpraxis kaum vor, meist ist sie **haltend-bewegend**.

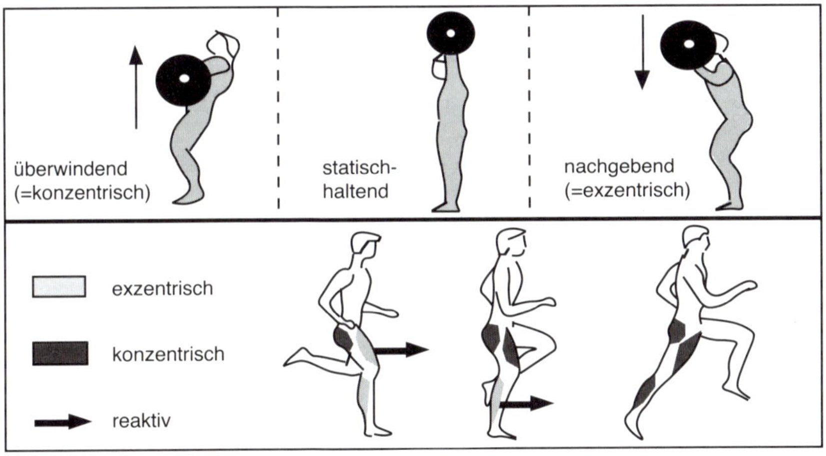

Abb. 33: Arbeitsweisen der Muskulatur (verändert nach Grosser 1986, 55).

ARBEITSWEISEN der **MUSKULATUR**	**ABLAUF** der **KONTRAKTION**	
Dynamische Arbeitsweisen **überwindend = positiv-dynamisch** (= konzentrisch) innere Kraft ist größer als äußere Kraft Bsp.: Heben in den Ballenstand	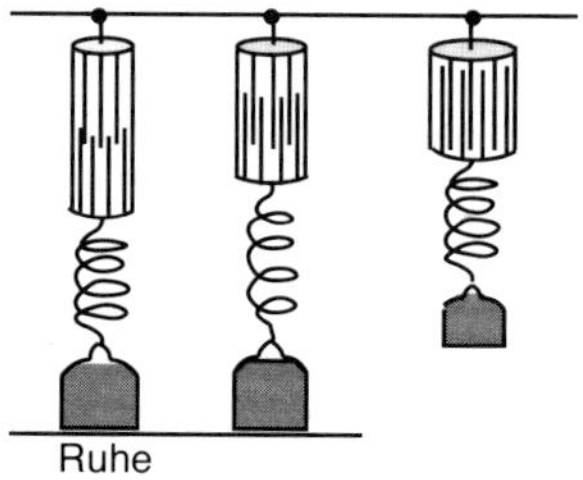	**Spannungs- änderung** mit **Verkürzung**
nachgebend = negativ-dynamisch (= exzentrisch) äußere Kraft ist größer als innere Kraft Bsp.: -Senken aus dem Ballenstand in den Stand - Amortisationsphase bei Sprüngen	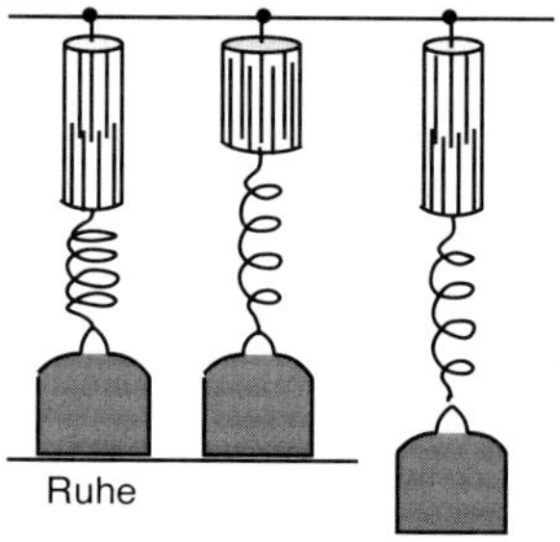	**Spannungs- änderung** mit **Verlängerung** (Dehnung)
nachgebend-überwindend **= reaktiv** zunächst äußere Kraft größer als innere Kraft, dann innere Kraft größer als äußere Kraft Bsp.: Laufen **explosiv-reaktiv** Bsp.: - Absprungphase bei Sprüngen - Schmetterschläge	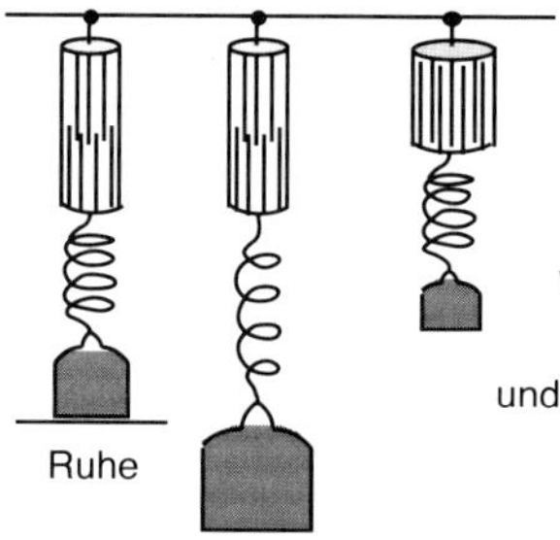	**Spannungs- änderung** mit **Verlängerung** (Dehnung) und anschließender **Verkürzung**
Statische Arbeitsweise **haltend** innere Kraft = äußere Kraft Bsp.: - Kreuzhang - Handstand meist **haltend-bewegend** Bsp.: Handstandabrollen	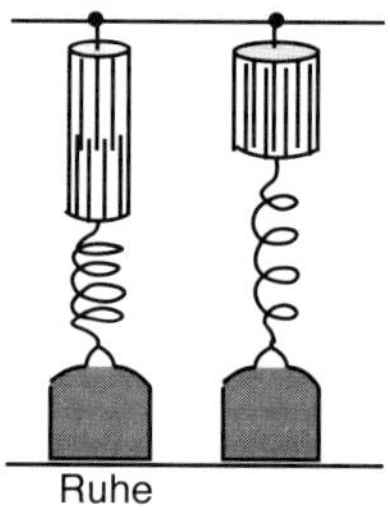	**Spannungs- änderung** ohne Längenänderung

Die Größe der Gewichte beschreibt die unterschiedliche Krafteinwirkung auf den Muskel. Die Feder symbolisiert sowohl die serien- als auch die parallelelastischen Elemente.

Tab. 16: Arbeitsweisen der Muskulatur und Ablauf der Kontraktion (siehe S. 93).

2.6 Muskelfasertypen

Die Zusammensetzung des Skelettmuskels aus schnell kontrahierenden, hellen Fasern (FT = fast-twitch) und langsam kontrahierenden, dunklen Fasern (ST = slow-twitch) ist stark anlagebedingt. Alle Muskelfasern einer motorischen Einheit gehören immer zu einem Fasertyp. Allerdings besitzt der Mensch keine Muskeln, die nur aus einem Fasertyp zusammengesetzt sind.
Die Zusammensetzung zeigt eine gewisse Funktionsbezogenheit, so lassen sich typische Schnelligkeitsmuskeln und Haltemuskeln unterscheiden. Schnelle Muskeln sind z.B. der äußere Oberschenkelmuskel (m. vastus lateralis), Bizeps und Trizeps am Oberarm; Haltemuskeln sind z.B. der Schollenmuskel (Teil des Wadenmuskels) und der Deltamuskel (siehe S. 107 Muskelfigur).
Das Fasertypenmuster Trainierter weicht von dem Untrainierter ab. Also ist neben anlagebedingten Unterschieden eine selektive Beeinflussung durch spezielle Trainingsreize möglich.

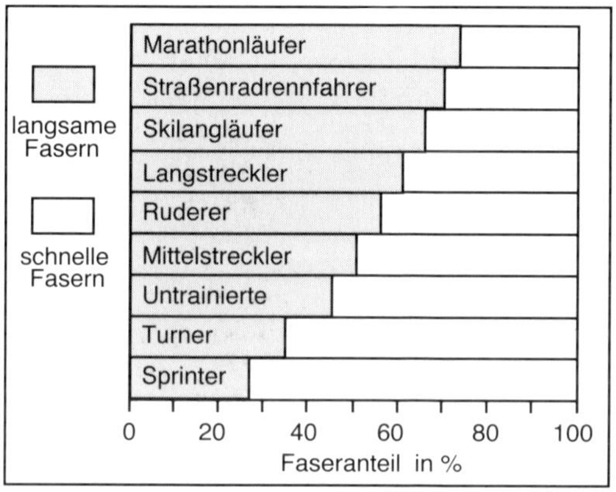

Abb. 34: Faserverteilung in Abhängigkeit von den motorischen Anforderungen bei Erwachsenen (verändert nach Kloos 1968, Bd. 12, 39).

Aufgaben

34. *Beschreiben Sie die verschiedenen Arten dynamischer Arbeitsweisen der Muskulatur und den Verlauf der Kontraktion anhand von Beispielen.*

35. *Welche Bedeutung hat die spezifische Zusammensetzung der Muskulatur aus FT- und ST-Fasern für die sportliche Leistung?*

36. *Nennen Sie Trainingsreize, die eine selektive Beeinflussung der ST-Fasern ermöglichen und damit die aerobe Kapazität verbessern.*

37. *Bei welchen Disziplinen / Sportarten kommen häufig exzentrische bzw. konzentrische Arbeitsweisen der Muskulatur vor?*

38. *Erläutern Sie die kurze Haltezeit bei maximaler Muskelkontraktion.*

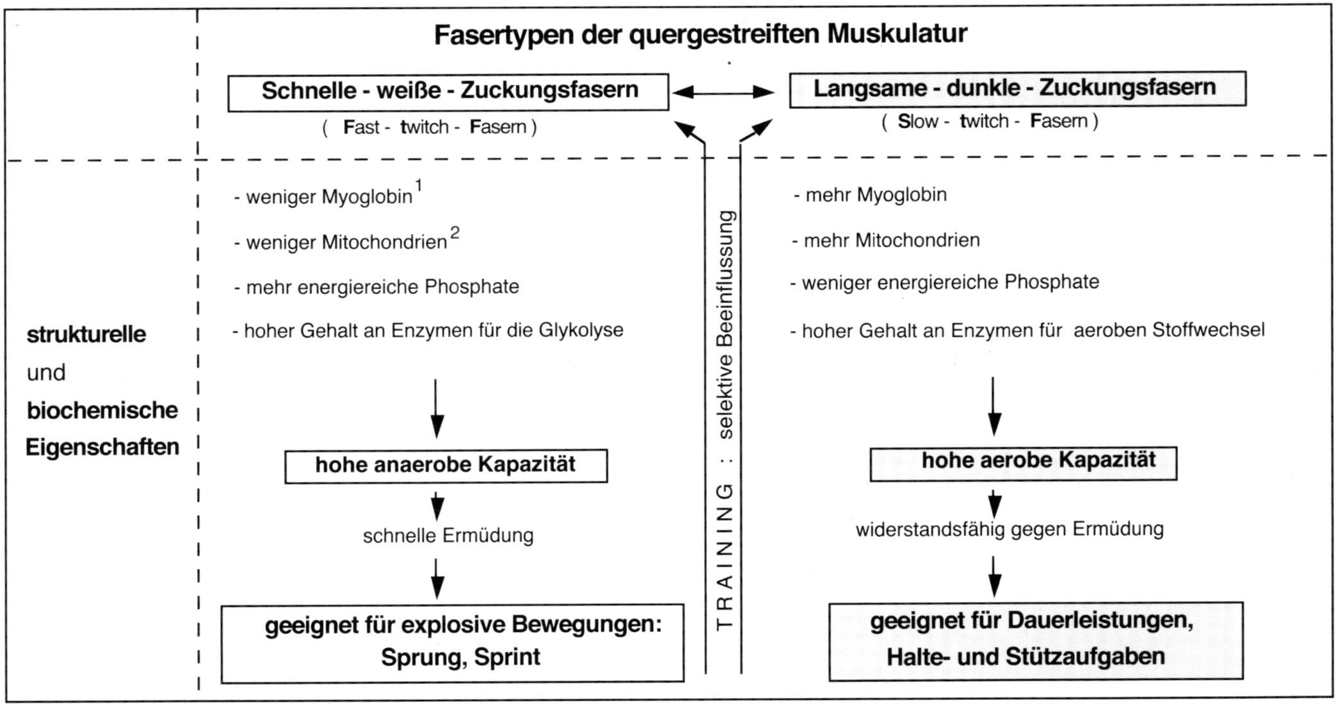

[1] Myoglobin : roter Muskelfarbstoff (Sauerstoffspeicher)
[2] Mitochondrien : Zellorganellen (aerobe Energiegewinnung zur Bildung von ATP)

Abb. 35 : Verschiedene Fasertypen der quergestreiften Muskulatur und ihre Eigenschaften.

3. Kraftfähigkeiten (Arten) und leistungsbestimmende Faktoren

Abb. 36

Kraft tritt in den verschiedenen Sportarten nie in einer abstrakten ''Reinform'' sondern stets in einer mehr oder weniger ausgeprägten Mischform der konditionellen physischen Leistungsfaktoren auf.[1]
In der Trainingspraxis lassen sich hinsichtlich der Krafthöhe und der Zeitdauer der eingesetzten Kraft drei Kraftfähigkeiten unterscheiden: **Maximalkraft**, **Schnellkraft** und **Kraftausdauer**.[2]
Diese Differenzierung erleichtert die Trainingsplanung, da die drei Kraftfähigkeiten durch unterschiedliche Trainingsmethoden verbessert werden können.

3.1 Maximalkraft

Maximalkraft ist die größtmögliche Kraft, die willkürlich gegen einen Widerstand ausgeübt werden kann.

Je größer der äußere Widerstand, desto mehr nimmt die Bedeutung der Maximalkraft zu (Gewichtheben). Ihr Einfluss ist daher in verschiedenen Sportarten recht unterschiedlich.

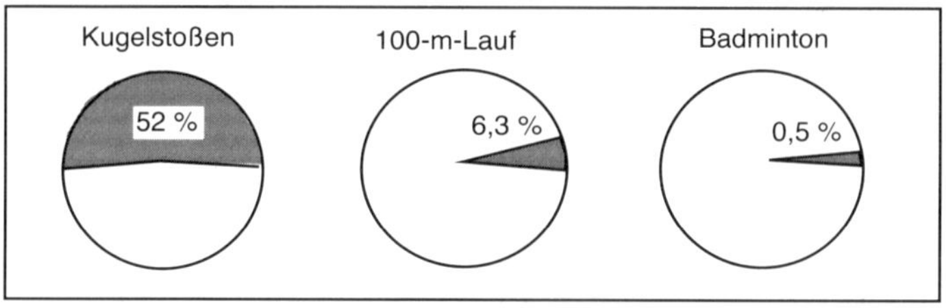

Abb 37: Einfluss der Maximalkraft auf die Wettkampfleistung in ausgewählten Sportarten (Werte aus Letzelter 1986, 80).

[1] Letzelter, Krafttraining 1986 , [2] Ehlenz u.a., Krafttraining 1986

Wesentliche **leistungsbestimmende** Faktoren der Maximalkraft sind energiereiche Phospate, Muskelquerschnitt, intra- und intermuskuläre Koordination, Motivation und anthropometrische Merkmale:

1. **Energiereiche Phosphate** (ATP, KP) müssen in ausreichender Menge vorhanden sein, da der Zeitraum der maximalen Kraftentwicklung nur im Bereich von wenigen Sekunden liegt (anaerob-alaktazid).
2. Je größer der **Muskelquerschnitt**, desto höher ist die Zahl der kontraktilen Elemente Aktin und Myosin.
3. Je mehr motorische Einheiten gleichzeitig kontrahiert werden, desto größer ist die entwickelte Kraft (**intramuskuläre Koordination**).
4. Durch ein gutes Zusammenspiel der Synergisten und Antagonisten kann sich bei einer Bewegung die Kraftentwicklung der einzelnen Agonisten optimal addieren (**intermuskuläre Koordination**).
5. Eine möglichst große Kraftentfaltung durch willkürliche Kontraktion ist nur bei hoher **Motivation** möglich.
6. **Anthropometrische Merkmale** wie z.B. Armlänge und Beinlänge bestimmen die Hebelverhältnisse und dadurch das bei jeder Muskelkontraktion entstehende Drehmoment.

Diese Faktoren sind neben genetischen Bedingungen abhängig vom Geschlecht, Alter und Trainingszustand.

Maximalkraft und Körpergewicht

In Sportarten wie Laufen, Gerätturnen, Eiskunstlauf muss das eigene Körpergewicht bewegt werden, dabei kommt es auf die maximale Kraft im Verhältnis zum Körpergewicht an:

$$\text{Relative Kraft} = \frac{\text{Maximalkraft}}{\text{Körpergewicht}}$$

Diese relative Kraft ist die maximale Kraft, die ein Sportler im Verhältnis zu seinem Körpergewicht entwickeln kann. Die Steigerung der relativen Kraft kann über die Verbesserung der Maximalkraft (intramuskuläre Koordination) oder durch Gewichtsabnahme erfolgen.
Entscheidend ist die relative Kraft z.B. im Gerätturnen oder bei Zweikampfsportarten, die nach Gewichtsklassen kämpfen wie Judo oder Ringen.

3.2 Schnellkraft

Schnellkraft ist die Fähigkeit, den eigenen Körper oder ein Gerät mit hoher Geschwindigkeit zu bewegen bzw. Widerstände mit höchstmöglicher Kontraktionsgeschwindigkeit zu überwinden.

In den meisten Sportarten bzw. Disziplinen kommt es darauf an, dem eigenen Körper oder einem Sportgerät eine hohe Geschwindigkeit zu verleihen.
Bei einer Stoßweite von 20 m beträgt z.B. die Abfluggeschwindigkeit der Kugel 13-14 m/sec. Die Geschwindigkeit eines Schmetterballs beim Volleyballspiel erreicht weit über 100 km/h.

In den verschiedenen Sportarten wird Schnellkraft realisiert als Sprintkraft, Sprungkraft, Schusskraft, Wurfkraft, Zugkraft, Schlagkraft, Stoßkraft.
Die Größe der Schnellkraft äußert sich in der schnellen Kraftentwicklung (Kraftanstieg=Explosivkraft), der Kraftmaximierung (F max) und der für die Maximierung benötigten Zeit (t max).

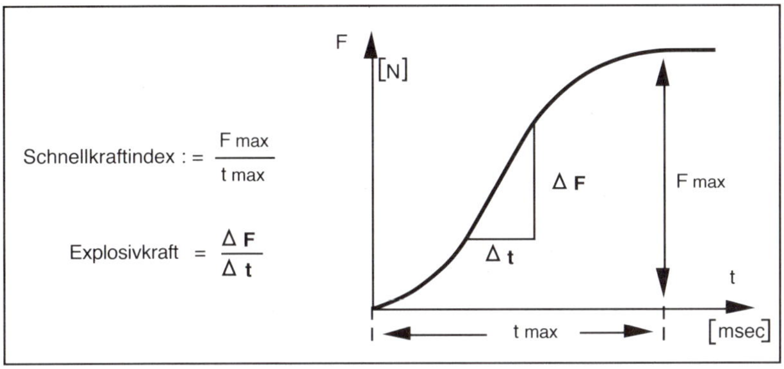

Abb. 38: Schema zur Schnellkraftbestimmung nach Bührle (1979, S. 37).

Je größer die Explosivkraft, desto schneller wird das Kraftmaximum erreicht. Beim Absprung eines Spitzenweitspringers werden innerhalb von 0,12 sec zwischen 5 000 und 10 000 Newton (ca. 500 bis 1 000 kp) aufgebracht.[1]

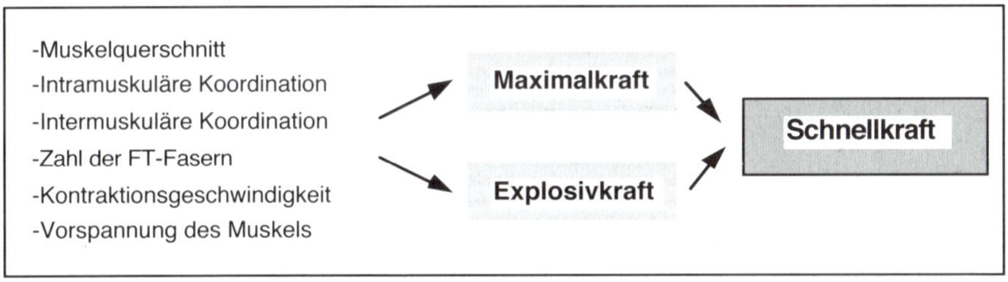

Abb. 39: Leistungsbestimmende Faktoren der Schnellkraft.

Leistungsbestimmend sind im wesentlichen die der Maximalkraft und der Explosivkraft zugrunde liegenden Strukturen und Prozesse:

1. Für eine schnelle und flüssige Bewegung sind im Vergleich zur Maximalkraft **intra- und intermuskuläre Koordination jedoch schon unmittelbar zu Beginn der Kraftentwicklung** notwendig.
2. Die **Zahl der FT-Fasern** korreliert mit der Höhe der Schnellkraftanforderungen (s. Abb. 34, S. 61). Je größer der Muskelquerschnitt, desto höher ist die Zahl der FT-Fasern.

[1] Bauersfeld-Schröter 1986, 226.

3. Die **Kontraktionsgeschwindigkeit** ist abhängig von der Latenzzeit, der Koordination und von biochemischen Prozessen. Die Latenzzeit ist die Zeitdauer vom Augenblick der Reizauslösung bis zur ersten messbaren Reaktion, sie lässt sich durch Training kaum beeinflussen. Dagegen kann durch **Erhöhung** der **Körpertemperatur** um 2° C eine Steigerung der Kontraktionsgeschwindigkeit um über 20 % erreicht werden[1] (Bedeutung des Aufwärmens).
4. Eine **Vorspannung des Muskels** durch Vordehnung begünstigt eine schnelle und hohe Spannungsentwicklung (siehe S. 58). Die Vordehnung ist abhängig von der Dehnfähigkeit (Muskellänge) der Agonisten und bei Ausholbewegungen auch von der Kraft der jeweiligen Antagonisten.

Je nach Arbeitsweise der Muskulatur unterscheidet man verschiedene Ausprägungen der Schnellkraft.

explosiv ←	**AUSPRÄGUNG** der **SCHNELLKRAFT**	→ **explosiv-reaktiv**
konzentrisch	Arbeitsweisen	exzentrisch-konzentrisch
mit höchstem Krafteinsatz Bsp.: Hauptphase bei Wurf und Stoß		mit höchstem Krafteinsatz **nach Vordehnung** Bsp.: Absprünge und Mehrfachsprünge, Ausholbewegungen

Tab. 17

3.3 Kraftausdauer

Kraftausdauer ist die Ermüdungswiderstandsfähigkeit bei langandauernden oder sich wiederholenden Kraftleistungen mit überwiegend anaerob-laktazider Energiegewinnung.

Intensive Belastungen mit hoher Frequenz, die länger als 7 sec dauern, können nur mit Hilfe der anaerob-laktaziden Energiegewinnung aufrecht erhalten werden. Bei Belastungszeiten zwischen 15 sec und 2 min ist diese Energiegewinnung dominierend. Bei längeren Belastungszeiten überwiegt die aerobe Energiegewinnung. Aus Gründen der Übersichtlichkeit und Vereinfachung wird hier die Kraftausdauer auf einen Zeitraum zwischen 7 sec und 2 min beschränkt. Ausnahmen sind Belastungen mit relativ langsamer Bewegungsausführung, wie z. B. Rudern, Schwimmen, Eisschnellauf, Radfahren. Die anaerob-laktazide Energiegewinnung ist hier auch bei längeren Belastungszeiten (bis etwa 6 min) von großer Bedeutung (siehe S. 42f).
Wie lange Kraftleistungen aufrechterhalten oder wie oft sie wiederholt werden können, hängt vom Kraftniveau und von der Energienachlieferung ab.
Leistungsbestimmend sind somit Maximalkraft, Schnellkraft und die leistungsbestimmenden Faktoren der anaeroben Kapazität (siehe S. 38).

[1] Jonath 1988, 146

In der Sportpraxis wird zwischen **dynamischer** und **statischer Kraftausdauer** unterschieden. Die statische Kraftausdauer wird nur in wenigen Sportarten wie Ringen, Gerätturnen und Gewichtheben wirksam. Bei den meisten Sportarten überwiegt die dynamische Kraftausdauer, oder es sind beide Kraftausdauerarten notwendig wie z.B. im Gerätturnen und Alpinen Skilauf.

3.4 Zusammenhang zwischen den verschiedenen Kraftfähigkeiten

Maximalkraft und Schnellkraft
Abbildung 38 zeigt den Zusammenhang von Maximalkraft und Schnellkraft. Bei schnellkraftabhängigen Bewegungsabläufen wie Sprint, Sprung oder Wurf ist ein Maximalkrafttraining wichtige Voraussetzung für die Verbesserung der Schnellkraft.

Maximalkraft und Kraftausdauer
Da bei Kraftausdauerleistungen in der Regel nicht alle Muskelfasern aktiviert werden, bedeutet ein größerer Muskelquerschnitt (Maximalkrafttraining) eine geringere Belastung der arbeitenden Muskulatur. Folglich kann die Kraftleistung länger bzw. in derselben Zeit mit höherem Widerstand aufrechterhalten werden.

Schnellkraft und Kraftausdauer
Für viele Wiederholungen während des Trainings oder im Wettkampf wird die entsprechende Ausdauerform gebraucht: Schnellkraftausdauer, z.B. als Sprungkraftausdauer beim Volleyball- oder Basketballspieler (siehe S. 42f).

Aufgaben

39. *Für welche Bewegungsabläufe der LK-Sportarten ist die Kraft eine wichtige Voraussetzung? Nennen Sie die jeweils vorrangigen Kraftfähigkeiten.*

40. *Stellen Sie Testaufgaben zusammen, die Aussagen über die einzelnen Kraftfähigkeiten zulassen.*
Bedingung: Der Test muss unter gleichen Voraussetzungen wiederholbar sein.
Beispiel: "Jump-and-reach" - Schnellkraft der Beinmuskulatur.

41. *Definieren Sie den Begriff "relative Kraft". Nennen Sie Bewegungen bzw. Sportarten, bei denen die relative Kraft leistungsbestimmend ist.*

42. *Erläutern Sie den Zusammenhang zwischen Maximalkraft und Schnellkraft bzw. Maximalkraft und Kraftausdauer, und geben Sie jeweils ein Beispiel an.*

43. *Weshalb schneiden Bodybuilder im Vergleich zu Kraftsportlern mit gleichem Muskelquerschnitt bei typischen Kraftsportarten schlechter ab?*

4. Krafttraining

4.1 Methoden und Ziele (Überblick)

Methoden / Arten Charakterisierung	**Wirkung**	**Kraftfähigkeit**
ALLGEMEINES KRAFTTRAINING dynamisch **- Muskelaufbautraining (MA)** - hohe Wiederholungszahlen - geringe bis mittlere Intensität	Muskelfaserverdickung (Hypertrophie)	**MAXIMALKRAFT**
SPEZIELLES KRAFTTRAINING dynamisch **- Intramuskuläres Koordinationstraining (IK)** hohe bis höchste Intensitäten	Verbesserung der synchronen Aktivierung motorischer Einheiten	**MAXIMALKRAFT** **SCHNELLKRAFT**
- Pyramidentraining Kombinierte Methode **(MA- + IK-Training)**	MA- und IK-Wirkung	**MAXIMALKRAFT** **SCHNELLKRAFT**
- Schnellkraftmethoden	Verbesserung der Kontraktionsgeschwindigkeit	**SCHNELLKRAFT**
explosiv-reaktives Schnellkrafttraining hohe bis höchste Intensität	zusätzlich IK- Wirkung	
disziplinspezifisches Schnellkrafttraining geringe bis mittlere Intensität	zusätzlich intermuskuläre Koordination	
- Kraftausdauermethoden - höchste Wiederholungszahlen und lange Belastungszeit - geringe bis mittlere Intensität	Erhöhung der anaeroben Kapazität und der lokalen Muskelausdauer	**KRAFTAUSDAUER**
allgemeines Kraftausdauertraining	möglichst viele Muskelgruppen	
disziplinspezifisches Kraftausdauertraining	bewegungsspezifische Muskelgruppen	
- statisches Krafttraining (isometrisch)* - mittlere bis hohe Spannungsentwicklung - lange Anspannungszeit	MA- und IK-Wirkung	**MAXIMALKRAFT** **KRAFTAUSDAUER**

* isometrisch: Spannungsänderung des Muskels bei gleichbleibender Muskellänge

Tab. 18: Überblick über die Methoden des Krafttrainings.

In Theorie und Praxis wird Krafttraining differenziert in allgemeines Krafttraining und spezielles Krafttraining. Dabei werden folgende **Ziele** gesetzt:

- **Allgemeines Krafttraining** steuert eine vielseitige athletische Ausbildung an, die alle Kraftfähigkeiten und alle Muskelgruppen erfasst. Das allgemeine Krafttraining wird im Grundlagentraining des Breitensports und des Leistungssports angewandt.
- **Spezielles Krafttraining** ist gekennzeichnet durch Übereinstimmung der Bewegungsstruktur von Kraftübungen und der ausgewählten Sportart / Disziplin. Ziel ist der Kraftgewinn in Bezug auf eine ganz bestimmte Bewegung.

Bei jedem Krafttraining müssen Agonisten und Antagonisten gleichermaßen trainiert werden. Eine Verschiebung des Kräftegleichgewichts zwischen Agonisten und Antagonisten führt neben einer Leistungsminderung auch zur Verletzungsanfälligkeit. So bewirkt z.B. ein einseitiges Training der Rückenstrecker eine Verkürzung der Rückenmuskulatur, die dadurch entstehende Hohlkreuzhaltung verursacht langfristig Schäden an der Wirbelsäule.
Im folgenden werden die verschiedenen Trainingsmethoden im Zusammenhang mit den einzelnen Kraftfähigkeiten dargestellt.

4.2 Training der Maximalkraft

Muskelaufbautraining (MA)

Das Muskelaufbautraining ist die Haupttrainingsart des **allgemeinen Krafttrainings** mit dem Ziel der Maximalkraftsteigerung durch Hypertrophie.

Methode geringer bis mittlerer Intensitäten und hoher Wiederholungszahlen .

Um eine Muskelquerschnittsvergrößerung zu erreichen, ist eine entsprechend lange Reizdauer erforderlich, d.h. es muss mit hohen Wiederholungszahlen bei geringer bis mittlerer Widerstandsgröße trainiert werden (s. Tab. 19).
Aufgrund der relativ geringen Intensitäten ergeben sich keine hohen physischen oder psychischen Belastungen, so dass das Muskelaufbautraining besonders für Jugendliche, aber auch für Fortgeschrittene in bestimmten Trainingsperioden geeignet ist.

Intramuskuläres Koordinationstraining (IK)

Methode hoher und höchster Intensitäten bei geringen Wiederholungszahlen.

Untrainierte können nur einen geringen Teil der motorischen Einheiten eines Muskels synchron aktivieren (geringe Maximalkraft). Durch ein Training mit submaximalen und maximalen Belastungen (80% und mehr) bei geringen Wiederholungszahlen kann die Zahl der sich gleichzeitig kontrahierenden motorischen Einheiten erhöht werden. Diese Methode führt zu einem schnellen Kraftgewinn ohne Muskelzuwachs bzw. Körpergewichtszunahme.

Aufgrund der hohen Intensitäten kommt es leicht zu Fehlern im Bewegungsablauf (Verletzungsgefahr!), deshalb ist das IK-Training für Anfänger nicht geeignet.

Pyramidentraining

Methode der progressiv steigenden Widerstände: Mit zunehmendem Gewicht nimmt die Zahl der Wiederholungen ab.

Das Pyramidentraining kann je nach Durchführung und Ausführungsart verschiedene Akzente setzen. Wird mehr die Spitze mit geringen Wiederholungszahlen (1-5) und hoher Intensität (75-100%) betont, dominiert die Entwicklung der Maximalkraft durch die Verbesserung der intramuskulären Koordination. Liegt der Akzent auf einer mittleren Wiederholungszahl (8-12) und mittlerer Intensität (40-60%), kommt es zu einer Kraftsteigerung durch Muskelmassenzunahme (Muskelaufbautraining).

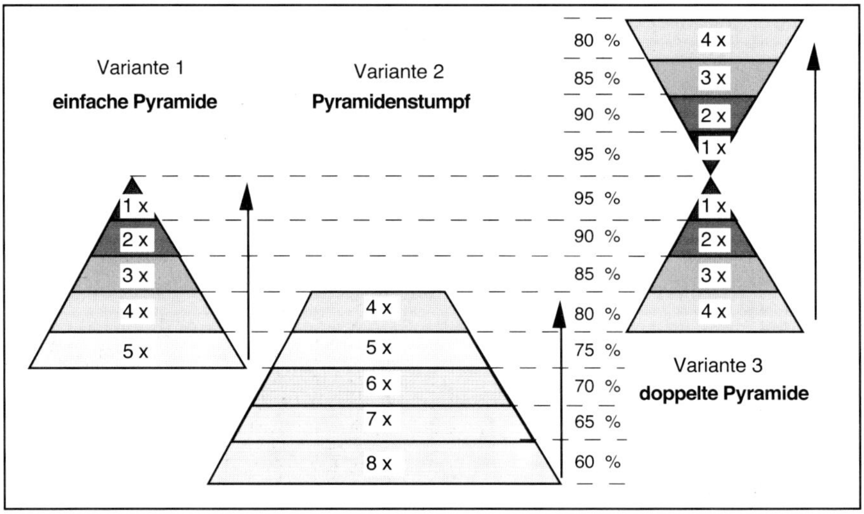

Abb. 40: Beispiele zum Pyramidentraining

Die verschiedenen Formen des Pyramidentrainings können innerhalb eines längeren Trainingsabschnitts kombiniert werden. Stehen z.B. vier Wochen für ein Krafttraining zur Verfügung, wird zwei Wochen nach Variante 2 (Muskelaufbau) und zwei Wochen nach Variante 1 (intramuskuläre Koordination) trainiert.
Werden dabei z.B. nur die Sätze[1] 1-4 (80-95%) trainiert, ist die Wiederholungszahl

[1] Satztraining: Organisationsform zur Gestaltung des Krafttrainings. Serien mit Belastung unterschiedlicher Muskelgruppen werden zu einem Satz zusammengefasst. Ein Satz enhält zwei bis vier Serien mit jeweils 5 Wiederholungen, z. B. jeweils eine Fünfer-Serie Bankdrücken, Kniebeugen, Klimmzüge.

MAXIMALKRAFTTRAINING (dynamisch)

Methode	Muskelaufbautraining	Intramuskuläres Koordinationstraining	Pyramidentraining Kombiniertes Training
Charakterisierung	hohe Wiederholungszahlen und geringe bis mittlere Intensitäten	geringe Wiederholungszahlen mit hohen und höchsten Intensitäten	bei progressiv steigenden Widerständen abnehmende Wiederhol.
Wirkung	Muskelfaserverdickung (Hypertrophie)	Synchroner Einsatz möglichst vieler motorischer Einheiten	Hypertrophie und synchroner Einsatz vieler motorischer Einheiten
Belastungsgefüge:	**A*** / **F** / **K**	**A** / **F** / **K**	
Intensität	40-60% / 60-80% / 80-85%	nicht geeignet / 80-90% / 90-100%	60-100%
Wiederholung	12-8 / 10-6 / 6-5	6-3 / 3-1	8-1
Serien	6-4 / 8-6 / 10-6	8-6 / 10-6	10-5
Pausen	2-4 Minuten	3-5 Minuten	1-2 Minuten
Tempo	langsam	zügig/explosiv	langsam/zügig/explosiv
Vorteile	- ständige Kraftsteigerung - keine hohen physischen und psychischen Belastungen	- hoher und schneller Kraftzuwachs - Verbesserung der Relativkraft	- geeignet bei beschränkter Zeit - optimale Ausnutzung des Muskelpotentials
Nachteile	- Kraftentwicklung geringer und langsamer als bei IK-Training - Erhöhung des Muskeltonus, Dehnübungen erforderlich! - keine explosive Kraftentfalt. möglich	- hohe physische und psychische Belastung - hohe Kraftspitzenwerte bei reaktiven Belastungen; Schädigungen möglich; wirksamer Schutz: gekräftigte Muskul.	- geringer Kraftzuwachs, da für die einzelne Zielrichtung relativ kurze Reizdauer
Anwendung	Für alle Sportarten geeignet; Anfänger und Fortgeschrittene	Leistungs- und Hochleistungssport	Vorwiegend Leistungs- und Hochleistungssport

* A= Anfänger, F= Fortgeschrittene, K= Könner;

Tab.: 19

(4+3+2+1) zu gering. Die Pyramide muss wiederholt werden, um einen Trainingseffekt zu erreichen, da der Muskelaufbau abhängig ist von der Ausschöpfung der Energiespeicher (wirksamer Trainingsreiz!). Der wirksame Trainingsreiz muss individuell nach der maximal möglichen Wiederholungszahl festgestellt werden.[1]

Statisches Krafttraining

Methode mittlerer bis hoher Spannungsentwicklung und langer Anspannungszeit durch statische Belastung.

Die einfache Durchführung, der hohe Trainingseffekt in kurzer Zeit und die zielgerichtete Einflussnahme auf bestimmte Muskelgruppen machen das statische Training besonders geeignet für die Rehabilitation.
Bei sportlichen Leistungen sind maximal statische Anspannungen selten. Sie sind z.B. erforderlich bei einigen Übungsteilen im Gerätturnen, beim Ringen, Judo und alpinen Abfahrtslauf. Meist sind die statischen Krafteinsätze jedoch submaximal bis gering.

Methode	**STATISCHES TRAINING**
Wirkung	- Verbesserung der intramuskulären Koordination - Zunahme des Muskelquerschnitts
Belastungsgefüge:	
Intensität	50-100%
Wiederholungen	20-1 je nach Anspannungszeit und Intensität
Anspannungszeit	6-8 sec im Fitnessbereich bis ca. 10 min im Leistungssport (je nach Intensität)
Pausen	1-2 min (zwischen den Übungen)
Durch Änderung von Anspannungszeit und Intensität pyramidenförmiges Training möglich	
Vorteile	- einfache Durchführung - geringer Zeitaufwand, schneller Muskelaufbau - lokale, zielgerichtete Trainingsmaßnahme
Nachteile	- kein Training spezieller Bewegungsabläufe - negativer Einfluß auf die Dehnfähigkeit der Muskeln - Gefahr der Pressatmung - schnelle Stagnation der Kraftzunahme - Trainingsmonotonie
Anwendung	Rehabilitation, Kompensation; Sportarten mit statischen Kraftanforderungen: Schießen, Ringen, Skiabfahrt, Turnen, Judo, Rodeln, Surfen.

Tab. 20: (Zusammenstellung aus der Literatur)

[1] Werte aus Ehlenz 1986, 104.

4.3 Training der Schnellkraft

Eine effektive Verbesserung der Schnellkraft ist nur in Kombination mit einer Steigerung der Maximalkraft möglich. Dem speziellen Schnellkrafttraining muss deshalb immer ein Maximalkrafttraining vorgeschaltet werden. Besonders das IK-Training ist eine wesentliche Voraussetzung für die Entwicklung der Schnellkraft. Durch die hohen Intensitäten werden auch die "schnellen" Muskelfasern angesprochen; dies führt zu einer Verbesserung der Explosivkraft.
Ziel eines Schnellkrafttrainings ist vor allem die Verbesserung der Kontraktionsgeschwindigkeit bei explosiv-reaktiver Arbeitsweise.

Explosiv-reaktives Schnellkrafttraining

Schneller Dehnungs-Verkürzungszyklus der Muskulatur mit sehr hoher Intensität, z.B. Mehrfachsprünge über Geräte (siehe S. 82).

Die große Wirksamkeit dieser Methode beruht auf der schnellen Verknüpfung von exzentrischer und konzentrischer Arbeitsweise der Muskulatur. Dadurch wird schon zu Beginn der Kontraktion eine hohe Zahl motorischer Einheiten synchron aktiviert (intramuskuläre Koordination). Die bei der Dehnung der Agonisten (Landung) gespeicherte kinetische Energie wird beim Absprung der konzentrischen Aktion zugefügt, so dass Intensitäten über 100% möglich sind.
Die hohen Kraftspitzenwerte bei der Landung können bei nicht vorbereiteten Sportlern zur Schädigung des passiven Bewegungsapparates führen.

Wirkung:	Verbesserung der explosiv-reaktiven Arbeitsweise der Muskulatur (maximale Rekrutierung der motorischen Einheiten).	
Belastungsgefüge:	- Intensität:	100% und mehr
	- Wiederholungen:	10 - 6 pro Serie
	- Serien:	6 -3
	- Pausen:	5 - 2 Minuten (oder länger)
	- Ausführung:	explosiv-reaktiv

Disziplinspezifisches Schnellkrafttraining

Bewegungsformen der Wettkampfdisziplin unter erleichterten Bedingungen, z.B. Stoßen mit leichteren Kugeln, Bergabläufe.

Durch dieses Training soll vor allem die Kontraktionsgeschwindigkeit disziplinspezifischer Bewegungsabläufe erhöht werden. Da die Kontraktionsgeschwindigkeit lastabhängig ist, wird in der Regel unter erleichterten Bedingungen (mit geringeren Widerständen) trainiert. Dieses Training verbessert auch die intermuskuläre Koordination, der Bewegungsablauf wird schneller und flüssiger.

Wirkung:	Verbesserung von Kontraktionsgeschwindigkeit und intermuskulärer Koordination	
Belastungsgefüge[1]:	- Intensität:	35 - 85% der Maximalkraftfähigkeit
	- Wiederholungen:	15 - 1 (je nach Intensität)
	- Serien:	ca. 7 - 3
	- Pause:	5 - 1 min (je nach Intensität)
	- Ausführung:	explosiv

Eine etwas unspezifischere, aber ähnliche Wirkung kann durch das Pyramidentraining erreicht werden, wenn man die Bewegungen bei entsprechend geringer Hublast explosiv ausführt.

4.4 Training der Kraftausdauer [2]

Belastungen bis zu **2 min**
Die Energiebereitstellung erfolgt vorwiegend anaerob-laktazid (im Gegensatz. zum MA-Training). Eine Steigerung der Kurzzeitkraftausdauer wird durch Verbesserung der Maximalkraft erreicht. Durch Belastungen, die leicht über den Wettkampfanforderungen liegen, wird versucht, eine maximale Ausschöpfung der energiereichen Substrate zu erzielen.
Anwendungsbeispiele: Gerätturnen, Zwischenspurts bei Crossläufen oder Skilangläufen, Skiabfahrtslauf.

Belastungen von **2 bis 6 min**
Ausdauer- und Kraftfähigkeiten sind hier gleichrangig. Die Energiegewinnung erfolgt anteilig anaerob und aerob, so dass neben dem Maximalkrafttraining spezielle Kraftausdauermaßnahmen zur Verbesserung der anaeroben und aeroben Kapazität erforderlich sind (siehe Mittelzeitausdauer S. 40). Ähnlich wie beim Intervalltraining werden Belastungen häufig wiederholt, die Pausen sind unvollständig und es kommt zu einer Ermüdungsaufstockung. Kraftausdauer kann allgemein und disziplinspezifisch trainiert werden.

Allgemeines Kraftausdauertraining

Die verschiedenen Muskelgruppen werden je nach Leistungsfähigkeit mit zunehmenden Wiederholungszahlen und geringeren Pausen trainiert.

Eine allgemeine, d.h. möglichst viele Muskelgruppen umfassende Verbesserung der Kraftausdauer kann z.B. durch ein Circuittraining erreicht werden. Dabei muss jedoch darauf geachtet werden, dass eine Muskelgruppe pro Rundgang mehrmals belastet wird.

[1] Die Angaben für die Belastungsgrößen differieren stark, da sie individuell nach den Defiziten bzw. spezifischen Trainingszielen zusammengestellt werden müssen.

[2] Beispiele zu diesen Methoden sind unter dem Kapitel Trainingsmittel (S. 79 f) dargestellt (die angegebenen Werte sind aus Ehlenz 1986).

Belastungsgefüge: (Beispiel)	- Stationen:	6 - 12
	- Belastungszeit: (pro Station)	20 sec, Anfänger (A) 40 sec, Fortgeschrittene (F)
	- Pausen:	
	zwischen den Stationen:	40 - 80 sec (A), 20 - 40 sec (F)
	zwischen den Rundgängen:	2 - 4 min (lohnende Pause)
	- Rundgänge:	2 - 6

Disziplinspezifisches Kraftausdauertraining

Phasenhaftes oder komplexes Training der disziplinspezifischen Bewegungsabläufe (auch mit Zusatzlasten) in höheren Wiederholungszahlen oder etwas längerer Belastungszeit als wettkampfmäßig erforderlich, z.B. flache Schrittsprünge.

Belastungsgefüge:	- Intensität:	20 - 50 %
	- Wiederholungen:	10 oder wesentlich mehr
	- Serien:	10 - 4
	- Pausen:	ca. 1 min zwischen den Serien

Bei einem Wechsel der Intensitäten (zwischen 20 - 50 %) und entsprechenden Wiederholungszahlen kann das Belastungsgefüge auch pyramidenförmig gestaltet werden. Die Trainingswirkung ist jedoch unspezifischer als beim disziplinspezifischen Kraftausdauertraining.

Aufgaben

44. *Ein Gerätturner soll nach sechswöchigem Gips an Unterarm und Hand rasch die Kraft seiner Fingerbeuger wieder aufbauen. Empfehlen Sie ihm eine einfache Übung, die die Griffestigkeit wiederherstellt. Machen Sie Angaben über das Belastungsgefüge.*

45. *Vergleichen Sie die speziellen Methoden des Krafttrainings mit den Trainingsmethoden für die Ausdauer. Inwiefern lassen sich diese einander zuordnen?*

46. *Welche Methode sollte nach Ihrer Ansicht schwerpunktmäßig angewandt werden, wenn es darum geht*
a) die relative Kraft zu verbessern,
b) im Rahmen eines Fitnesstrainings ein höheres Kraftniveau zu erreichen,
c) die intermuskuläre Koordination zu fördern?
Begründen Sie jeweils Ihre Entscheidung.

47. *Stellen Sie je ein Belastungsgefüge für zwei Varianten des Pyramidentrainings zusammen, und geben Sie an, welche Wirkung dadurch erzielt wird.*

4.5 Leistungssteuerung im Krafttraining

Um die Zielgrößen des Krafttrainings zu präzisieren, sind drei Fragen zu klären[1] :

1. Welche Funktion kommt der Kraft bei der konkreten Sportart zu? (z.B. Absprünge oder Läufe).
2. Wie groß ist die Last, der eine maximale Geschwindigkeit erteilt werden soll? (z.B. eigener Körper oder Gerät).
3. In welcher Weise wird die erforderliche Kraft realisiert? (z.B. Rudern oder Sprünge).

Bei leichtathletischen Sprüngen werden sich beispielsweise folgende Zielgrößen für die Trainingsplanung ergeben:
Einer relativ hohen Last muss innerhalb eines schnellen Dehnungs-Verkürzungszyklus eine hohe Endgeschwindigkeit erteilt werden. Daraus ist zu schließen, dass auf der Basis einer gut ausgebildeten Maximalkraft die explosiv-reaktive Ausprägung der Schnellkraft maximiert werden muss. Der aktuelle Ausprägungsgrad der Kraftfähigkeit wird in der Regel mit ausgewählten Testübungen festgestellt. So lässt sich z.B. die reaktive Kraftfähigkeit über die Sprunghöhe bei einem "Jump-and-reach-Test" nach Niedersprüngen abschätzen.[1]
Da die Zuverlässigkeit solcher Testergebnisse relativ störanfällig ist, werden im Hochleistungssport sportwissenschafliche Verfahren zur Diagnose von Kraftfähigkeiten angewandt (Vergl. Fachliteratur: Grosser, Leistungssteurerung 1986; Letzelter, Krafttraining 1986).

Kraftart	MAXIMALKRAFT		SCHNELLKRAFT bzw. KRAFTAUSDAUER	
Trainingsmethode	Muskelaufbautraining	Intramuskuläres Koordinationstraining	Ergänzende Methoden	Methoden des Schnellkraft- bzw. Kraftausdauertrainings
		Schnellkraft →	Schnellkraft →	→
		Kraftausdauer →	Kraftausdauer →	→
Intensität	60-80 %	80-90 %	60-130 %	bis 100 %
Wochen	0 4	8 12		16 20
Trainingsabschnitt	Vorbereitungsperiode			Wettkampfperiode

Abb. 41: Kombination verschiedener Krafttrainingsmethoden über einen Zeitraum von 20 Wochen (verändert nach Ehlenz 1987, 134).

[1] Grosser 1986, 92f

5. Trainingswirkung durch Krafttraining

Die durch Training richtig belasteten Muskeln zeigen in Abhängigkeit von Qualität und Quantität des Trainings bestimmte Anpassungen, die ihre Funktion erhöhen.

1. **Hypertrophie** der Muskelfasern durch Muskelaufbautraining

Bei überschwelliger Muskelbeanspruchung kommt es in der Erholungsphase zu einer Vermehrung von Aktin und Myosin sowie zu einer Erhöhung des Glykogen-, ATP- und KP-Spiegels: der trainierte Muskel wird dicker.
Treffen nach der richtig dosierten Regenerationsphase (Superkompensation) erneut Reize auf die Muskulatur, verteilen sich diese auf eine größere Zellmasse.

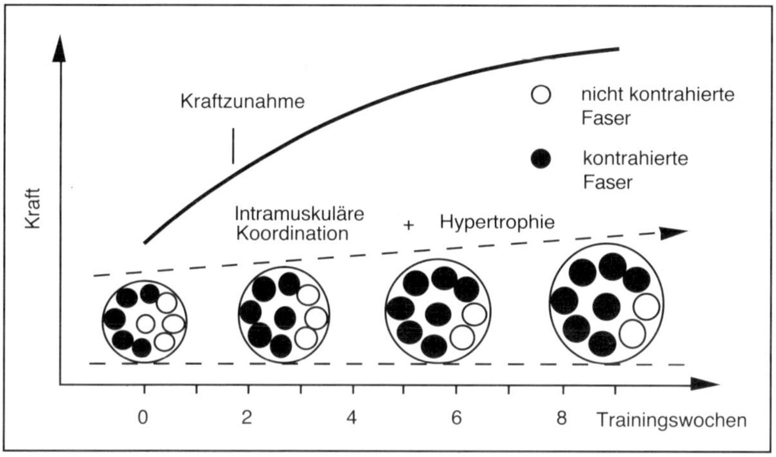

Abb. 42: Wirkungen des Krafttrainings (veränd. nach de Marees 1981 Bd. 1 88).

2. **Intramuskuläre Koordination** durch Maximalkraft- und Schnellkrafttraining

Bei submaximalen und maximalen Intensitäten kann ein hoher und schneller Kraftzuwachs erreicht werden. Der Kraftzuwachs wird dadurch erzielt, dass eine möglichst hohe Anzahl von motorischen Einheiten synchron aktiviert wird. Die intramuskuläre Koordination führt zu einer "geballten Ladung" und ermöglicht dadurch explosive Bewegungen.

3. **Intermuskuläre Koordination** durch Automatisierung des Bewegungsablaufs

Durch häufiges Wiederholen kommt es innerhalb eines Bewegungsablaufs zu einem besseren Zusammenwirken der agonistischen und antagonistischen Muskulatur. Entscheidend dabei ist der Abbau des hemmenden Einflusses der jeweiligen Antagonisten.

Durch häufigeres Üben kann die intermuskuläre Koordination automatisiert werden, so dass es zur Ausbildung eines dynamisch-motorischen Stereotyps kommt. Werden Störgrößen ausgeschaltet, erfolgt eine Ökonomisierung, d.h. die vorhandene Kraft kann optimal eingesetzt werden. Ein Beispiel ist das lockere Laufen (Antagonisten vollständig entspannt) im Gegensatz zum verkrampften Laufen (Antagonisten nicht entspannt).

4. Verbesserung der **Kontraktionsgeschwindigkeit** durch Schnellkrafttraining

Die Kontraktionsgeschwindigkeit der Skelettmuskulatur hängt vorrangig von der zu bewegenden Last ab. Je geringer die Last ist, desto weniger ST-Fasern werden benötigt. Eine Kontraktion läuft somit bei gleicher Last um so schneller ab, je mehr FT-Fasern zur Verfügung stehen. Einige Untersuchungen zeigten, dass durch Schnellkrafttraining bestimmte Muskelfasern ihre Eigenschaften in Richtung FT-Fasern verändern (s. S. 61).

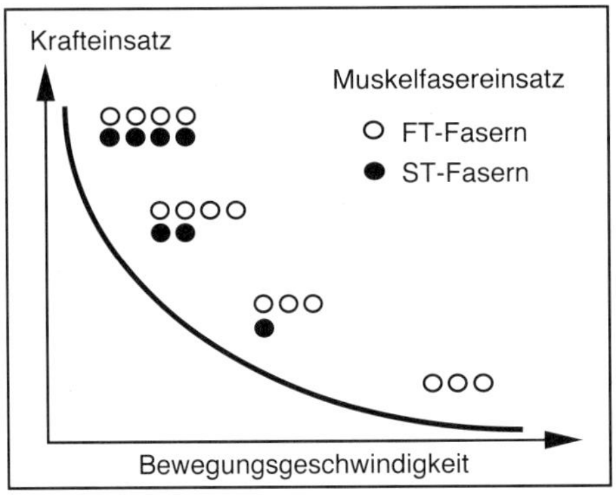

Abb. 43: Zusammenhang zwischen Krafteinsatz, Bewegungsgeschwindigkeit und Muskelfasereinsatz (nach Hollmann/Hettinger 1980, 179).

5. Verbesserung der **Ermüdungswiderstandsfähigkeit** durch Kraftausdauertraining:
   - Ökonomisierung des Bewegungsablaufs,
   - Verbesserung der physiologischen Größen (s. S. 51 ff).

Aufgaben

48. *Nennen Sie die Vorteile des Circuittrainings und geben Sie dabei auch an, weshalb diese Organisationsform besonders für den Einsatz in der Schule geeignet ist (siehe S. 79 ff).*

49. *Erstellen Sie eine Übungsfolge für ein Circuittraining. Legen Sie fest, für welchen Personenkreis dieses Training bestimmt sein soll und welche Zielsetzung vorrangig verfolgt wird.*

50. *Unter welchen Bedingungen halten Sie ein Krafttraining für ausdauerfördernd bzw. hemmend? Welche Konsequenzen ergeben sich daraus für das Training bestimmter Sportarten?*

6. Trainingsmittel

Trainingsmittel sind alle organisatorischen und informativen Maßnahmen und Geräte, die den Trainingablauf ermöglichen und unterstützen.

Im Rahmen dieser kurzgefassten Trainingslehre werden einige exemplarische Maßnahmen gezeigt, durch die eine Verbesserung der allgemeinen Kraft bzw. der verschiedenen Kraftfähigkeiten ermöglicht wird.
Um Trainingsmaßnahmen effektiv anzuwenden, ist es notwendig, das Konditionsniveau festzustellen.[1]
Organisationsformen für die Durchführung von Krafttraining sind das **Kreistraining** (Circuittraining) und das **Stationstraining.**

Kreistraining (Circuittraining)

Die Zusammenstellung der Übungen erfolgt je nach dem beabsichtigten Trainingseffekt. Kennzeichnend für das Kreistraining ist die abwechselnde Beanspruchung einzelner Muskelgruppen (Arme, Beine, Rücken- und Bauchmuskulatur). Durch diese Art der wechselnden Belastung wird eine hohe Belastungsintensität des Gesamtkörpers erreicht, während sich für die einzelne Muskelgruppe eine relativ lange Pause ergibt. Bei acht Stationen beispielsweise beträgt die Erholungszeit für eine Muskelgruppe ca. sieben Minuten. Ist das wesentliche Ziel die Kraftausdauer, müssen innerhalb eines Rundgangs die einzelnen Muskelgruppen jeweils mehrmals belastet werden.
Bei niedriger Intensität und relativ kurzen Pausen kann durch ein Circuittraining auch die aerobe und anaerobe Ausdauer verbessert werden.

wesentliches TRAININGSZIEL	**Belastungs-intensität** an der Station	**Belastungsdauer** an der Station	**Pausenlänge** zwischen den Stationen	**Anzahl der Rundgänge** (Pause zwischen den Rundgängen)
Allgemeine aerobe Ausdauer	niedrig	lang ca. 30-45 sec	sehr kurz, unvollständige Erholung ca. 20-30 sec	2-3 (entspricht der Pause zwischen den Stationen)
Allgemeine anaerobe Ausdauer	mittel	mittel ca. 15-30 sec	mittel ca. 30-45 sec	1-2 / 3-5* (3-5 min)
Kraftausdauer	ca. mittel (wechselnd)	20-30 sec	mittel-lang ca.40-50 sec	1-3 / 2-6* (ca. 3 min)
Kraft Maximalkraft Schnellkraft	hoch	kurz 6-8 Wiederholungen (ca. 10-20 sec)	lang ca. 45-90 sec	1-2/ 3-5* (3-5 min)

* Wert nach dem Schrägstrich für Fortgeschrittene

Tab. 21: Belastungsgrößen beim Kreistraining (Zusammenstell. aus der Literatur).

[1] Testmöglichkeiten, z.B. LEU, Trainingslehre 1988; Letzelter, Krafttraining, 1986, 131 ff.

Beispiel 1 - Kreistraining

Trainingsziel:	**Allgemeine Kraftausdauer** (s.S. 74)	
Zielgruppe:	Schüler und Jugendliche	
Belastungsgefüge:	- Belastungszeit:	20 - 30 sec
	- Pausen:	
	zwischen den Stationen	30 - 45 sec
	zwischen den Rundgängen	ca. 3 min
	- Umfang:	3 - 2 Rundgänge
Trainingsinhalte:	Allgemeine Kraftübungen mit und ohne Zusatzlasten	

Ü1: Hochhangeln (Arme lang, Beine angehockt oder in Vorhalte) an schräggestellten Barrenholmen.

Ü2: Mattenspringen; Schlusssprünge über die Matte mit halber Drehung.

Ü3: Einarmiges Liegestützprellen im Wechsel, je 3 mal rechts und 3 mal links.

Ü4: Rückenlage, Lendenwirbelsäule auf den Boden drücken; Hüft- und Kniewinkel etwas größer als 90^0, Beine halten.

Ü5: Liegestütz und Strecksprung im Wechsel.

Ü6: Langbankziehen; Langbank schräggestellt, in Bauchlage hochziehen.

Ü7: Banklauf im Liegestütz seitwärts zum anderen Bankende und zurück.

Ü8: Aus der Bauchlage Pendellauf zur Wand und zur Ausgangsposition zurück.

Abb. 44: Übungsfolge für das Training der allgemeinen Kraftausdauer an 8 Stationen.

Beispiel 2 - Kreistraining

Trainingsziel:	**Schnellkraft**	
Zielgruppe:	Jugendliche ab der Pubertät	
Belastungsgefüge:	- Belastungszeit:	10 - 20 sec
	- Pausen:	
	zwischen den Stationen	45 - 90 sec
	zwischen den Rundgängen	2 - 5 min
	- Umfang:	5 - 3 Rundgänge
	- Ausführung:	explosiv

Trainingsinhalte: **Kraftübungen für Springer und Sportspieler**

Ü1: Beidbeinige Kastensprünge mit Sandsack in Nackenhalte.
Ü2: Rückenlage auf der Schrägbank, Sandsack in Nackenhalte; Anheben des Oberkörpers bis ca 30^{0}, Bauchmuskulatur ständig angespannt.
Ü3: Kastenaufsteiger rechts und links mit Sandsack.
Ü4: Bauchlage auf Kasten, Arme fixiert; Heben der Beine bis zur Waagrechten mit Medizinball zwischen den Füßen.
Ü5: Hockstrecksprünge mit Ausstoßen eines Medizinballs bis zur Hochhalte.

Trainingsinhalte: **Kraftübungen für Stoßer und Werfer**

Ü1: Stoßen einer eingehängten Langbank aus dem Hockstand bis zur Hochhalte, Streckung bis in den Zehenstand.
Ü2: Medizinballwurf aus der Rückenlage mit angewinkelten Beinen gegen die Wand, Bauchmuskulatur ständig angespannt.
Ü3: Medizinballstoß gegen die Wand aus der tiefen Stoßauslage.
Ü4: Bauchlage auf Kasten, Beine fixiert; Schwimmbewegungen (Brust) mit den Armen, Gewicht in den Händen.
Ü5: Stoßen einer Reckstange von der Brust im Wechsel nach vorn und nach oben (Vorsicht !).

Abb. 45a/b: Kreisttraining für Schnellkraft (a) und Maximalkraft (b).

Stationstraining

Werden alle Serien einer Übung (z.B. 4 x 6 beidbeinige Hocksprünge) abgeschlossen, bevor mit den Serien der folgenden Übung begonnen wird, spricht man von Stationstraining. Aufgrund der hohen Belastung einer Muskelgruppe an einer Station sind relativ lange Pausen notwendig. Im Gegensatz zum Kreistraining kann das Belastungsgefüge an den einzelnen Stationen verschieden sein. Für verschiedene Muskelgruppen können deshalb unterschiedliche Fähigkeiten trainiert werden, z.B. Schnellkraft für die Beinstrecker und Maximalkraft für die Bauchmuskulatur.

Beispiel 1

Trainingsziel:	**Schnellkraft** der unteren Extremitäten (explosiv-reaktiv) (Nicht für Anfänger geeignet!)	
Zielgruppe:	Jugendliche Sportspieler, Hoch-, Weit-, Dreispringer.	
Trainingsinhalte:	Vertikale Kastensprünge mit und ohne Zusatzbelastung.	
Belastungsgefüge:	- Intensität:	100% (maximale Weite, Höhe oder Geschwindigkeit)
	- Dauer:	6 - 10 Wiederholungen pro Serie
	- Pause:	ca. 2 min zwischen den Serien
	- Umfang:	6 - 3 Serien pro Übung/Station

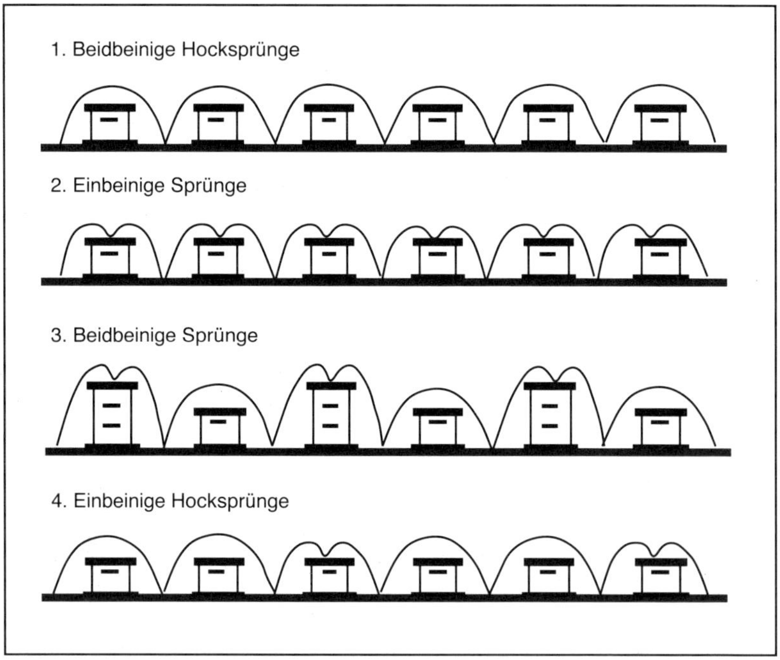

Abb. 46: (verändert nach Letzelter 1986, 378).

Beispiel 2:

Trainingsziel:	**Maximalkraft** der Arm- und Beinmuskulatur, MA-Training	
Zielgruppe:	Jugendliche (nur unter Anleitung üben!)	
Belastungsgefüge:	- Intensität:	ab 60%
	- Dauer:	6 - 10 Wiederholungen pro Serie
	- Pause:	2 - 4 min zwischen den Serien
	- Umfang:	8 - 6 Serien pro Übung/Station
	- Ausführung:	langsam

Ü1: Turnbank in Sprossenwand eingehängt, Ausstemmen der Turnbank aus der mittleren Hockstellung bis zur Hochhalte, Partner sitzt auf der Bank.
Ü2: Kniebeugen mit einem Partner auf der Schulter, Übender und Partner halten sich an der Sprossenwand.
Ü3: Klimmzüge aus dem Streckhang am Reck (Kamm- oder Ristgriff).
Ü4: Kastenaufsteiger mit Partner als Zusatzbelastung.
(nach Letzelter 1986, 379)

Beispiel 3:

Trainingsziel:	**Maximalkraft,** IK-Training	
Zielgruppe:	Werfer und Stoßer (Leistungssportler)	
Belastungsgefüge:	- Intensität:	80 - 95% der individuellen Maximalleistung
	- Dauer:	8 - 1 Wiederholungen pro Serie
	- Pause:	5 - 2 min zwischen den Serien
	- Umfang:	8 - 6 Serien pro Übung/Station *
	- Ausführung:	explosiv/zügig

* Bei 8 Serien z.B.: 8 mal 80%, 6 mal 85%,3 mal 90%, 1 mal 95%, 1 mal 95%, 3 mal 90%, 6 mal 85%, 8 mal 80% (siehe Abb. 40)

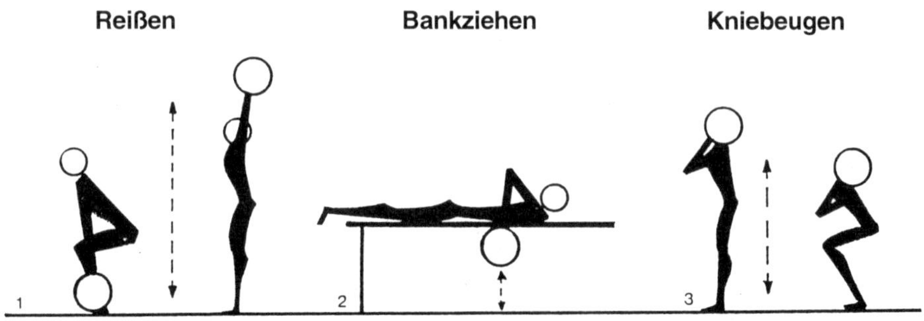

Abb. 47

Gefahren beim Krafttraining

Häufig wird unterschätzt, welche Gefahren für das Bewegungssystem durch ein einseitiges, mit falscher Technik oder zu hoher Belastung durchgeführtes und zu frühes Krafttraining entstehen. Im folgenden wird aufgezeigt, wie Verletzungen vermieden werden können.

9 Regeln zur Vermeidung von Verletzungen beim Krafttraining

1.□Dosiere anfangs jede für den Organismus neue Kraftübung vorsichtig! Kraftübungen mit schwerem Gerät verlangen eine entsprechende Technik. Darum muss der Bewegungsablauf erst mit geringeren Lasten erlernt werden, bevor man allmählich zu trainingsintensiven Zusatzlasten übergeht.

2. Schütze Fußgelenk und Fußgewölbe beim Heben großer Lasten durch einwandfreies, festes Schuhwerk !

3. Halte die Wirbelsäule bei allen sie belastenden Übungen gerade !!!

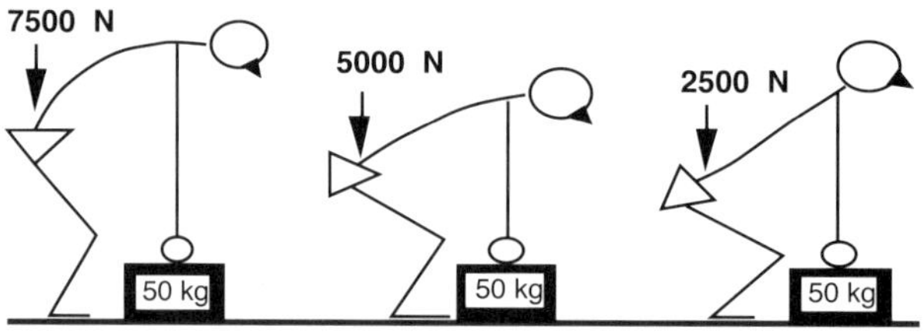

Zugbelastung der Lendenwirbelsäule beim Heben einer konstanten Last (verändert nach Letzelter 1986, 309)

4. Vermeide zu häufige Wirbelsäulenbelastungen in einer Trainingseinheit; entlaste □ die Wirbelsäule durch Übungen im Liegen (Bankdrücken, Bankziehen u. a.) !

5.□Vermeide Pressatmung !

6.□Schone das Ellbogengelenk durch abwechslungsreiche Übungen !

7.□Schmerzen in der Muskulatur während des Übens können auf einen Muskelfaserriss hindeuten. Beende daher die verursachende Übung !

8.□Ein Stechen im Handgelenk und im Unterarm deutet auf Überforderung hin. Entlaste das Handgelenk durch veränderte Griffhaltung !

9. Die Beinstrecker lassen sich nicht nur durch Tiefkniebeugen kräftigen (hohe Belastung für die Kniegelenke). Benutze auch die halbe oder dreiviertel Kniebeuge, die für fast alle Absprünge wettkampfspezifisch ist !

Abb. 48: Vermeidung von Verletzungen beim Krafttraining (verändert nach Harre 1973, 144 f).

SCHNELLIGKEIT

1. Bedeutung der Schnelligkeit

Schnelligkeit ist im Bereich der Trainingslehre ein komplexer physischer Leistungsfaktor, dem im Leistungssport und im Breitensport ein hoher Stellenwert zukommt: Im Sprint, Sprung und bei leichtathletischen Würfen, aber auch bei vielen Aktionen in Sportspielen wie Antritte, Sprünge, Würfe und Abwehrreaktionen werden Bewegungen maximal schnell ausgeführt.

Anwendungsbereich / Schnelligkeitsfähigkeiten	**Gesundheitssport**	**Fitnesssport**	**Leistungssport**			
			Kraftsportarten	Schnellkraftsportarten	Spielsportarten	Ausdauersportarten
Reaktionsschnelligkeit		*	*	*	***	*
Aktionsschnelligkeit		*	**	***	***	*
Schnelligkeits**ausdauer**		*	**	***	***	*

*** = hohe Bedeutung   ** = mittlere Bedeutung   * = geringe Bedeutung

Tab. 22: Bedeutung der Schnelligkeitsfähigkeiten in verschiedenen Anwendungsbereichen.

2. Schnelligkeitsfähigkeiten [1]

Schnelligkeit ist eine Fähigkeit des Nerv-Muskelsystems, motorische Aktionen in einem unter den gegebenen Bedingungen minimalen Zeitabchnitt zu vollziehen.

Ausgehend von der o.g. Definition müssen folgende Schnelligkeitsfähigkeiten unterschieden werden (siehe Tab. 23, S. 87):

- **Reaktionsschnelligkeit** als die Zeit vom Auftreten eines Reizes bis zum Reagieren; Bsp.: Bei akustischen Signalen beträgt die Reaktionszeit ca. 0,17 - 0,20 sec; bei weltbesten Sprintern reduziert sich diese Zeit auf 0,07 bis 0,13 sec.

- **Zyklische Aktionsschnelligkeit** als motorische Ablaufschnelligkeit bei zyklischen Bewegungen (Sprints, Dribblings).

- **Azyklische Aktionsschnelligkeit** als motorische Ablaufschnelligkeit bei azyklischen Bewegungen (Sprung, Wurf, Aktionen in Sportspielen).

- **Schnelligkeitsausdauer** (allgemein-anaerob-dynamische Ausdauer) bezeichnet das ''Stehvermögen'' bei zyklischen Fortbewegungen (Radsport, Läufe) mit hoher bis höchster Intensität zwischen 7 sec und 2 min. (siehe auch S. 42).

[1] Das Problem der Strukturierung des komplexen Leistungsfaktors Schnelligkeit in Schnelligkeitsfähigkeiten wird bei versch. Autoren unterschiedlich gelöst (Vergl. Letzelter, Jonath, Weineck).

3. Biologische Grundlagen und leistungsbestimmende Faktoren

- **Die Reaktionsgeschwindigkeit** ist genetisch festgelegt und kann nur in engen Grenzen verbessert werden. Sie ist davon abhängig, wie schnell Sinnesreize aufgenommen, an das Zentralnervernsystem weitergleitet und verarbeitet werden und mit welcher Geschwindigkeit Kontraktionssignale an die Muskeln weitergegeben werden (Geschwindigkeit der Erregungsleitung). Die Reaktionszeit insgesamt beträgt bei Allroundsportlern etwa 0,17 sec.

- **Das Verhältnis von schnellen (FT) und langsamen (ST) Muskelfasern** ist ebenfalls genetisch bedingt. Es besteht eine positive Korrelation zwischen der Aktionsschnelligkeit und dem Anteil von FT-Fasern in der Mukulatur. "Geborene Sprinter" haben einen höheren Anteil an FT-Fasern als Langstreckenläufer (siehe S. 61).

- **Körpertemperatur**: Die Temperatur der Skelettmuskulatur beträgt normalerweise 34 ^{0} C. Durch Belastung (Aufwärmen) kann sie auf 39-40^0 C erhöht werden. Dadurch wird die Geschwindigkeit der Erregungsleitung verbessert und die Kontraktionsgeschwindigkeit der Muskulatur um etwa 20 % erhöht (Weineck 1987, 215).

- **Eine gute Dehnfähigkeit der Antagonisten** verringert den Widerstand für die arbeitende Muskulatur (Agonisten) und ermöglicht somit eine höhere Bewegungsschnelligkeit.

- **Durch eine schnelle intramuskuläre Koordination** wird die Kraftentwicklung beschleunigt und verstärkt und somit bei gleicher äußerer Kraft eine höhere Kontraktionsgeschwindigkeit (Bewegungsschnelligkeit) erreicht.

- **Intermuskuläre Koordination:** Die optimale Abstimmung zwischen synergistisch und antagonistisch arbeitenden Muskeln und die Bewegungsautomatisierung als Stabilisierung der Feinkoordination sind wichtige Einflussfaktoren für die Schnelligkeit.

- **Ein größerer Muskelquerschnitt** bewirkt zusammen mit einer Verbesserung der intra- und intermuskulären Koordination eine Zunahme von Maximal- und Schnellkraft. Dadurch wird die Kontraktionsgeschwindigkeit bei gleicher äußerer Kraft erhöht.

- **Anaerob-alaktazide Energiegewinnung**: Für Schnelligkeitsleistungen bis etwa 7 sec (Aktionsschnelligkeit) sind die Größe des ATP/KP-Speichers und die Menge der zur Phosphatspaltung notwendigen Enzyme von entscheidender Bedeutung.

- **Anaerob-laktazide Energiegewinnung und Pufferkapazität**: Liegt die Belastungszeit über 7 sec, kann ATP nur durch Glykolyse (Milchsäurebildung) schnell genug und in größeren Mengen bereitgestellt werden. Durch eine hohe Pufferkapazität des Blutes wird die Übersäuerung hinausgezögert und die Kontraktionsgeschwindigkeit kann länger aufrecht erhalten werden.

- **Anthropometrische Merkmale** wie Beinlänge, Armlänge, Körpergewicht haben für die Bewegungsamplituden und die Bewegungsfrequenz einen wesentlichen Einfluss.

Übersicht zur Differenzierung des physischen Leistungsfaktors SCHNELLIGKEIT

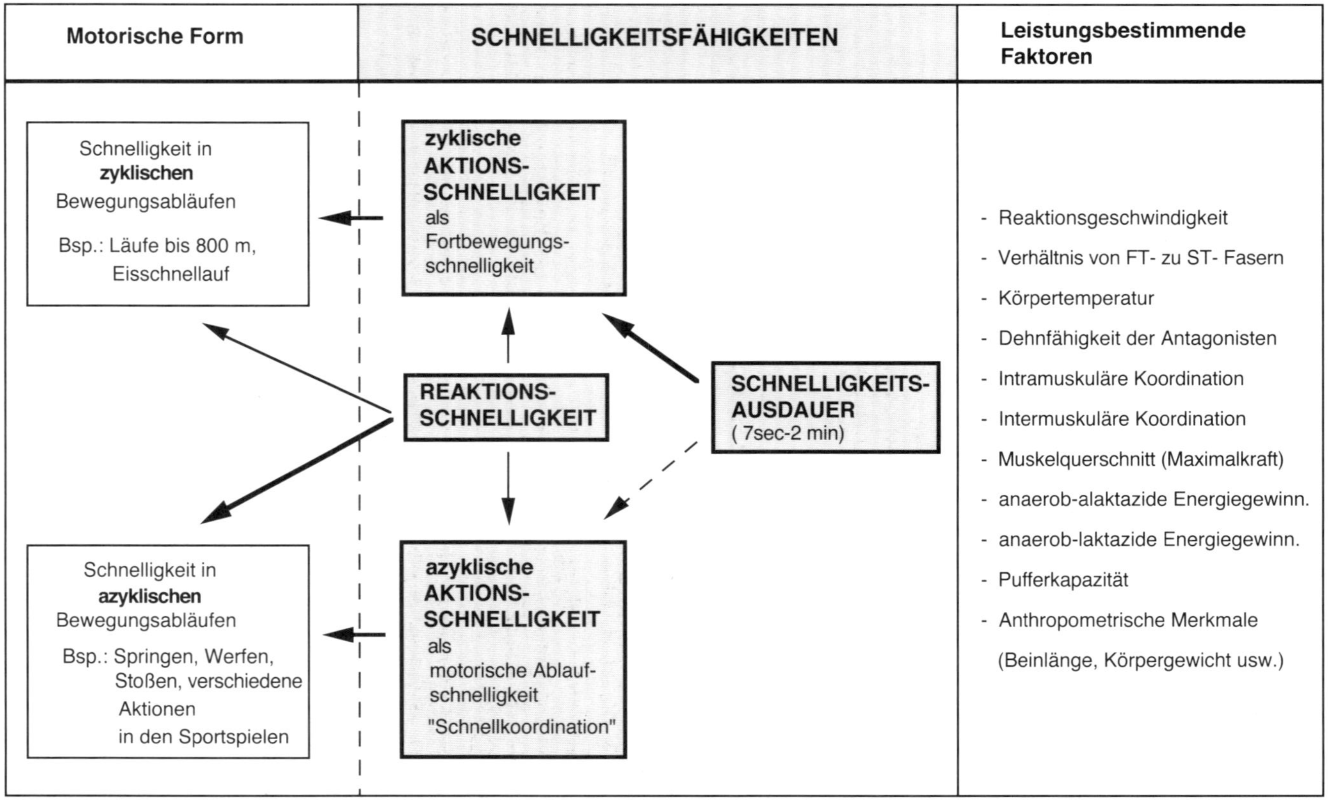

Tab.: 23

4. Schnelligkeitstraining

Die leistungsbestimmenden Faktoren der Schnelligkeit machen deutlich, dass der physische Leistungsfaktor Schnelligkeit wesentlich mehr durch angeborene Eigenschaften bestimmt wird als die Leistungsfaktoren Kraft und Ausdauer. Dies ist vor allem darauf zurückzuführen, dass bei hoher Bewegungsgeschwindigkeit fast nur FT-Fasern zur Kontraktion eingesetzt werden können und die Geschwindigkeit der Erregungsleitung zum entscheidenden leistungsbestimmenden Faktor wird. Aus diesem Grund ist Schnelligkeit nur in geringem Umfang trainierbar. Ein untrainierter Erwachsener kann seine 100-m-Bestzeit höchstens um 15-20 % verbessern (Weineck 1987, 211).

4.1 Allgemeine Trainingsgrundsätze

- **Erwärmung**: Die hohe Bewegungsfrequenz setzt eine optimale Erwärmung der Muskulatur voraus. In der richtig aufgewärmten Muskulatur laufen biochemische Reaktionen schneller ab, die Dehnfähigkeit ist größer, die Viskosität (innere Reibung) geringer und die Geschwindigkeit der Erregungsleitung wird verbessert.

- **Dehnung**: Die gedehnte Muskulatur ermöglicht eine größere Bewegungsamplitude und beugt Verletzungen vor.

- Das Schnelligkeitstraining soll abgebrochen werden, sobald die **Geschwindigkeit** nicht mehr aufrecht erhalten werden kann bzw. sich die **Technik** des Bewegungsablaufs verschlechtert.

- Da die Intensität maximal sein muss, können Belastungen nur in nahezu **vollständig erholtem Zustand** durchgeführt werden. Bei der **Pausengestaltung** ist auf folgendes zu achten:
  - Die Erregbarkeit des Nervensystems darf nicht zu stark absinken, deshalb wird eine **aktive Pause** empfohlen.
  - Die **Pausenlänge** wird durch die Wiederauffüllung der Phosphatspeicher (1,5-2 min) und die 50%ige Laktatbeseitigung (15 min) bestimmt (siehe S. 36).
  - Zwischen den spezifischen Schnelligkeits-Trainingseinheiten sollten Pausen von ca. 72 Stunden eingehalten werden.

4.2 Training der Reaktionsschnelligkeit

Trainingsziele

Verbesserung der allgemeinen und speziellen Reaktionsschnelligkeit bei Einfach- und Auswahlreaktionen.
Eine Verbesserung der Reaktionsschnelligkeit wird vorwiegend durch Stabilisierung der angeborenen Reaktionsfähigkeit und Optimierung der Bewegungstechnik erreicht. Da im Sport Reaktionsschnelligkeit in der Regel verknüpft ist mit einer oder mehreren Folgeaktionen (z.B. Start und explosiver Antritt oder Aktion zum

Ball und Ballannahme), wird die Reaktionsschnelligkeit je nach Sportart in Kombination mit anderen Fähigkeiten geschult.

Training von Einfachreaktionen

Wiederholtes Reagieren unter gleichen Bedingungen.

Beispiele: Sprintstart, Schwimmstart, Torwarttraining

Training von Auswahlreaktionen

Wiederholtes Reagieren unter variablen Bedingungen.

Beispiele: Staffeln, kleine Spiele, unterschiedliche Startstellungen, unterschiedliche Kommandos, Torwarttraining, Spielsituationen wie z.B. Angriffsschlag oder Lob.

Beim Training der Reaktionsschnelligkeit sollte etwa folgendes Belastungsgefüge eingehalten werden:

Belastungsgefüge:	- Intensität:	submaximal - maximal
	- Wiederholungen:	ca. 10 (je nach Übung)
	- Pause:	10-15 sec
	- Umfang:	1 Durchgang

4.3 Training der Aktionsschnelligkeit

Trainingsziele

Die komplexe Fähigkeit Aktionsschnelligkeit kann nur durch ein sinnvoll abgestimmtes Training der einzelnen leistungsbestimmenden Parameter verbessert werden. Für die azyklische und auch zyklische Aktionsschnelligkeit sind dies vor allem die Dehnfähigkeit der Muskulatur, die Maximal-und Schnellkraft und die intra- und intermuskuläre Koordination.
Ein langfristiger Trainingsaufbau beginnt deshalb mit Maximalkrafttraining, dann folgt Schnellkraft- und Techniktraining und anschließend das disziplinspezifische Training der Aktionsschnelligkeit (vgl. Abb. 41, S. 76). Dieses Training wird ausschließlich mit der **Wiederholungsmethode** gestaltet (siehe S.48).

Zyklische Aktionsschnelligkeit (Wiederholungsmethode)

Belastungsgefüge:	*Wiederholungsprinzip* Lange Laufstrecke (Belastungszeit)	*Serienprinzip* Kurze Laufstrecke (Belastungszeit)
- Intensität:	ca. 95-100 %	100 %
- Strecke (Dauer):	50-70 m (ca. 7 sec)	20-30 m (ca. 3-4 sec)
- Umfang:	3-5 Wiederholungen	3-4 Wiederhol. in 3-4 Serien
- Pause:	zwischen den Wh 15-20 min	zwischen den Wh 1,5-2 min, Serienpause ca. 10 min

Azyklische Aktionsschnelligkeit (Wiederholungsmethode)

Belastungsgefüge:	Intensität:	100 %
	Dauer/Wiederholungen:	6-7 sec / 6-12 Wiederholungen
	Umfang:	3-5 Serien
	Pause:	Serienpause 2-4min

Trainingsmittel

Für ein abwechslungsreiches Training der zyklischen Aktionsschnelligkeit kann eine Vielzahl von Laufvarianten verwendet werden: Läufe mit fliegenden Starts, Steigerungsläufe, Skippings, Innervationstraining (plötzlich maximal schnelle Antritte im Wechsel mit Traben), Bergabläufe, Laufbandläufe.
Als sehr effektiv haben sich Läufe mit unterschiedlichen Widerständen erwiesen, z.B. bergauf-bergab-flach oder auf dem Laufband mit variablen Widerständen.
Für das Training der azyklischen Aktionsschnelligkeit können allgemeine Übungen (z.B. Sprung- u.Wurfübungen, schnelle Drehungen) und sportartspezifische Technikübungen verwendet werden.

Geschwindigkeitsbarriere

Unter Geschwindigkeitsbarriere versteht man eine unerwünschte Stabilisierung der Schnelligkeit. Durch monotone Reizsetzung kommt es über Gewöhnung zu einem Bewegungsstereotyp, so dass keine entsprechenden Anpassungen mehr hervorgerufen werden. Ein möglichst vielseitiges Schnelligkeitstraining ist die beste Voraussetzung, um eine Geschwindigkeitsbarriere zu vermeiden.
Ist ein Bewegungsstereotyp eingetreten, muss durch Verbesserung möglichst aller leistungsbestimmenden Faktoren (Kraft, Beweglichkeit, anaerobe Ausdauer) und durch Schnelligkeitstraining unter erleichterten Bedingungen die stagnierende Aktionsgeschwindigkeit erhöht werden. Die Stabilisierung auf dem neuen Niveau dauert ungefähr 3-4 Monate (Weineck, S. 224).

4.4 Training der Schnelligkeitsausdauer

Trainingsziele

- Vergrößerung der KP-Speicher, um die anaerob-alaktazide Phase zu verlängern.
- Steigerung der Laktattoleranz (Pufferkapazität).

Trainingsmethoden

Schnelligkeitsausdauer wird mit der intensiven Intervallmethode und der Wiederholungsmethode trainiert. Die Belastungsgefüge sind dieselben wie beim Ausdauertraining (siehe S. 47 und S. 48). Die Belastungsdauer eines Einzelreizes ist jedoch auf 7-25 sec beschränkt.

Trainingsmittel und Belastungsbeispiele

- **Tempolaufläufe** (Wiederholungsmethode): - 3 x 200 m annähernd maximal
  - jeweils 15 min Pause

- **Tempowechselläufe** (Ins and Outs): 3 x 200 m, dabei werden abwechselnd 20 m maximal und 15 m submaximal durchlaufen (3 Serien).
- **Überdistanzläufe** (Intensive Intervallmethode): 3x120 m, 2 Serien; Intensität ca. 85 %; Pause zwischen den Wiederholungen 2-3 min; Pause zwischen den Serien ca. 6 min.

5. Trainingswirkungen durch Schnelligkeitstraining

1. Hypertrophie der FT-Fasern durch selektive Beanspruchung mit einer Zunahme von Maximal- und Schnellkraft.
2. Vergrößerung der ATP-, KP- und Glykogenspeicher.
3. Steigerung der Enzymaktivität für die anaerob-alaktazide Energiegewinnung um etwa 30% (Weineck, 1987, S. 214).
4. Verbesserung der Reaktionsschnelligkeit um ca. 10-15 % bei akustischen Einfachreaktionen und um ca. 30-40 % bei Auswahlreaktionen. Die Verbesserung beruht in erster Linie auf einer größeren Wiederholungsstabilität.

Je nach der Zielsetzung und Qualität des Trainingsprogramms erfolgt die Anpassung mehr im Bereich von Kraft/Schnellkraft (s.Seite 77 f) oder im Ausdauerbereich (s.Seite 50 ff).

Aufgaben

51. *Erläutern Sie den Satz: ''Zum Sprinter wird man geboren.'' Gehen Sie dabei auf die biologischen Grundlagen der Schnelligkeit und auf die unterschiedliche Trainierbarkeit der Schnelligkeitsfähigkeiten ein.*
In welchen Schnelligkeitsdisziplinen sind demnach durch Training größere bzw. weniger große Leistungssteigerungen zu erzielen?

52. *Welche Auswirkungen eines Ausdauertrainings sind für die Schnelligkeit zu erwarten?*
Berücksichtigen Sie dabei die Bedeutung der intermuskulären Koordination für das Verhältnis von Energieaufwand und erzielter Wirkung (Bewegungsökonomie).

53. *Nennen Sie die leistungsbestimmenden Faktoren der Schnelligkeit, die durch Training gut bzw. wenig zu beeinflussen sind.*

54. *Erfahrene Trainer behaupten: "Schnelligkeit entsteht nur durch Schnelligkeit. Zuviel Schnelligkeit macht stumpf." Überprüfen Sie diese Aussagen.*

55. *Vergleichen Sie die Bedeutung der einzelnen Schnelligkeitsfähigkeiten für die verschiedenen Sprintstrecken in der Leichtathletik.*

56. *Welche Schnelligkeitsfähigkeiten sollten Sie für das Basketballspiel vorrangig trainieren? Nennen Sie dafür verschiedene basketballspezifische Trainingsmittel.*

57. *Kann die Geschwindigkeitsbarriere auch im Schülerbereich auftreten? Begründen Sie Ihre Antwort.*

BEWEGLICHKEIT [1]

Beweglichkeit ist die Fähigkeit, Bewegungen mit großer Schwingungsweite ausführen zu können.

1. Bedeutung der Beweglichkeit

Beweglichkeit wird im weiteren Sinne als motorische oder konditionelle Grundeigenschaft bezeichnet.
Als Mittler zwischen konditionellen und koordinativen Fähigkeiten ist die Beweglichkeit Voraussetzung für eine quantitativ und qualitativ gute Bewegungsausführung. Mit großer Bewegungsamplitude können Übungen kräftiger, schneller, leichter, fließender und ausdrucksvoller ausgeführt werden.
Die Verletzungsanfälligkeit von Muskeln und Sehnen nimmt ab, wenn die Muskulatur vorgedehnt ist und so eine optimale Gelenkbeweglichkeit zulässt.

2. Arten der Beweglichkeit (Fähigkeiten)

- **Allgemeine Beweglichkeit** ist die Beweglichkeit in den wichtigsten Gelenksystemen (Schulter- und Hüftgelenke, Wirbelsäule), die je nach Anspruchsniveau verschieden ausgeprägt ist.

- **Spezielle Beweglichkeit** betrifft die Beweglichkeit eines bestimmten Gelenks oder die bei einem bestimmten Bewegungsablauf besonders beanspruchten Gelenke (Hüftgelenke beim Hürdenläufer, Schultergelenke beim Kraulschwimmer).

- **Aktive Beweglichkeit** ist die größtmögliche Bewegungsamplitude eines Gelenks, die ein Sportler realisieren kann (Abb. 49a).

- **Passive Beweglichkeit**: Größtmöglicher Bewegungsausschlag in einem Gelenk, der durch zusätzliche Einwirkung von außen (Partner, Zusatzlast) erzielt werden kann (Abb. 49b).

- **Statische Beweglichkeit** ist gekennzeichnet durch die Bewegungsweite, die statisch eingenommen werden kann, d.h. die belastet oder unbelastet eine gewisse Zeit gehalten werden kann (Spagat, Rumpfbeuge).

- **Dynamische Beweglichkeit** entspricht der aktiven Beweglichkeit und betrifft also die dynamisch erreichbare Bewegungsweite. Die dynamische Beweglichkeit ist grundsätzlich größer als die statische Beweglichkeit.

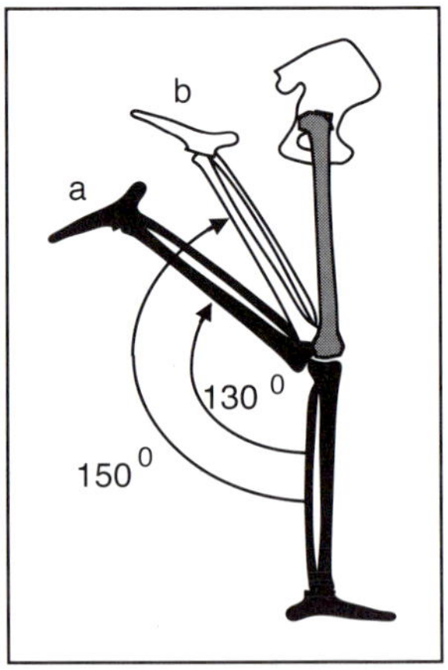

Abb.49: a=aktive-, b=passive Beweglichkeit (verändert nach Knebel 1988, 86).

[1] Synonyme: Flexibilität, Biegsamkeit, Gelenkigkeit, Gelenkbeweglichkeit, Dehnungsfähigkeit.

3. Biologische Grundlagen und leistungsbestimmende Faktoren

3.1 Dehnfähigkeit des Muskelsystems

Bei der aktiven Muskelkontraktion und bei der passiven Dehnung des Muskels sind jeweils drei Strukturen beteiligt:

- die Myofibrillen als kontraktile Elemente der Muskelzelle,
- die bindegewebigen Anteile,
- die Sehnen.

Werden erschlaffte Muskeln gedehnt, z.B. bei Ausholbewegungen, gleiten die Aktin- und Myosinfilamente fast widerstandslos auseinander. Gleichzeitig setzen die parallel geschalteten elastischen Bindegewebsanteile des Muskels der zunehmenden Dehnung einen zuerst langsamen, dann immer schneller wachsenden Widerstand entgegen.
Während der Muskel auf etwa das Doppelte seiner Ausgangslänge gedehnt werden kann, lassen sich Sehnen, Bänder und Kapseln wegen ihrer gelenkstabilisierenden Funktion nur um etwa 5% ihrer Ausgangslänge dehnen. In der Trainingspraxis wird diese Tatsache häufig nicht genügend beachtet; Überdehnungen und Sehnenentzündungen können die Folge überzogener Trainingsbelastungen und unfunktioneller Übungen sein.[1]

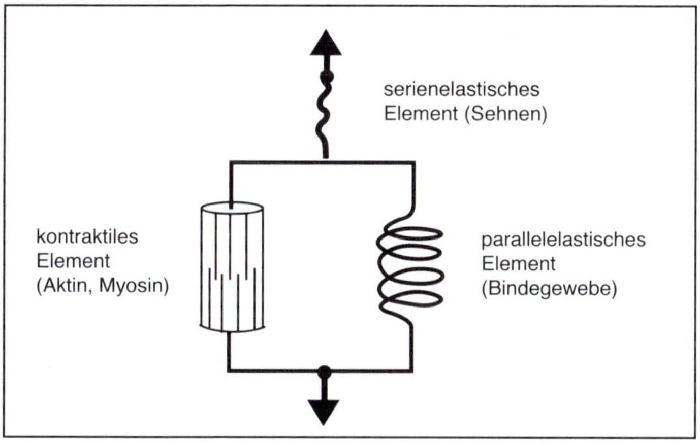

Abb. 50: Muskelmodell (verändert nach de Marees, 1981,43).

3.2 Muskeltonus und Beweglichkeit

Unter Muskeltonus versteht man die Grundspannung der Muskulatur, die auf einer reflektorischen Dauererregung beruht. Ein erhöhter Muskeltonus bzw. eine verminderte Entspannungsfähigkeit erhöhen den Widerstand bei Dehnungsübungen

[1] Knebel, 1985.

und schränken damit die Beweglichkeit ein. So wird beispielsweise durch Lockerungsübungen vor dem Start der durch psychische Anspannung erhöhte Muskeltonus gesenkt.

Bedingungen	Nach der Nachtruhe früh	 mittags	10 min Aufenthalt bei 10 ^{0} C mit entblößtem Körper	10 min Verweilen in einem heißen Bad von 40 ^{0} C	Nach 20 min Auflockerung	Nach ermüdendem Training
Uhrzeit der Messung	8.00	12.00	12.00	12.00	12.00	12.00
Änderung der **Beweglichkeit** in mm	**-15**	**+35**	**-36**	**+78**	**+89**	**-35**

Tab. 24: Veränderung der Beweglichkeit unter verschiedenen Bedingungen (aus Harre 1977, 171).

In Tabelle 24 wird gezeigt, inwiefern die Beweglichkeit abhängig ist von der Tageszeit, der Innen- und Außentemperatur und der Ermüdung (ATP-Mangel und dadurch zu geringe Weichmacherwirkung).

Um sportliche Leistungen zu optimieren, müssen tonusverändernde Einflüsse erkannt und im Training und Wettkampf beachtet werden. Dazu einige Beispiele:

- Dehnungsübungen und Lockerungsmaßnahmen wirken tonussenkend.
- Neue oder schwierige Übungen erhöhen den Tonus bis zur Verkrampfung.
- Kältereize führen zu einer Zunahme des Muskeltonus, insbesondere der Beugemuskulatur (Bewegungseinschränkung).
- Der Vorstartzustand kann zu erhöhtem oder vermindertem Tonus führen (Startnervosität oder Startapathie).

3.3 Beweglichkeit in Abhängigkeit von Alter und Geschlecht

Die Muskulatur ist den altersbedingten Veränderungen besonders stark unterworfen. So kommt es z.B. durch Wasserverlust zu einer Abnahme der Dehnungsfähigkeit. Dadurch wird mit zunehmendem Alter die Beweglichkeit stark eingeschränkt. Abbildung 51 zeigt die Wirbelsäulenbeweglichkeit in Abhängigkeit von Alter und Geschlecht. Bei Männern ist bereits mit ca. 20 Jahren der Maximalwert erreicht, während bei Frauen die Beweglichkeit insgesamt größer ist und der Abbau erst mit ca. 25 Jahren einsetzt.
Als Ursache für die bessere Beweglichkeit der Frauen werden die geringere Muskelmasse, der höhere Fettgewebsanteil und die vermehrte Wassserretention ge-

nannt. Der erhöhte Wassergehalt erniedrigt die Gewebsdichte und bewirkt eine größere Beweglichkeit.

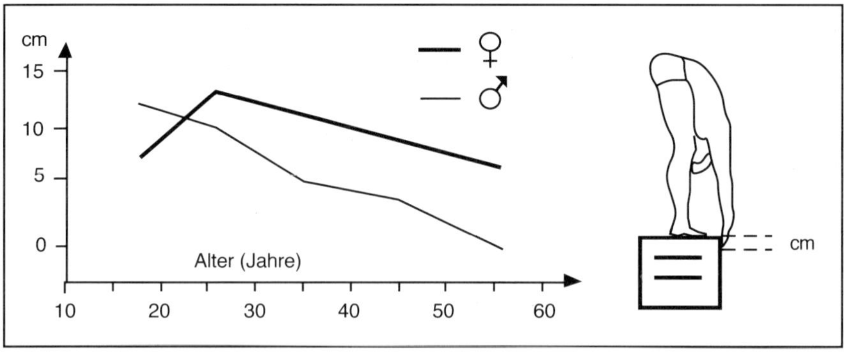

Abb. 51: Beweglichkeit in Abhängigkeit von Alter und Geschlecht (verändert nach Weineck 1986, 350).

3.4 Zusammenhang zwischen Beweglichkeit und Kraft

Kraft und Beweglichkeit - insbesondere die Dehnfähigkeit - stehen in enger Wechselbeziehung zueinander.
Für die im Sport wichtige aktive Beweglichkeit spielt die Kraft der Agonisten eine entscheidende Rolle. Die Agonisten sollen in der Lage sein, die Antagonisten zu dehnen. Deshalb müssen Agonisten und Antagonisten so trainiert werden, dass sie sich in einem Kräftegleichgewicht befinden (siehe Kap. 4.2).

4. Training der Beweglichkeit

4.1 Trainingsziele und Anwendung

1. Erhaltung und Verbesserung der Beweglichkeit als Voraussetzung für sportliche Leistungen.
2. Vorbeugung vor Verletzungen wie Muskelzerrung oder Muskelriss.
3. Beseitigung von Dysbalancen (Abb. 52, S. 96).
4. Unterstützung der Regeneration nach Belastungen und nach Verletzungen.
5. Anwendung: im Aufwärmprogramm, als Teil der Konditionsgymnastik, in der Rehabilitation.

4.2 Trainingsmethoden

Die Beweglichkeit wird durch Dehnen und Kräftigen der Muskulatur verbessert. Dabei ist darauf zu achten, dass das muskuläre Gleichgewicht zwischen Agonist und Antagonist erhalten bleibt oder wieder hergestellt wird. Verkürzte Muskeln müssen

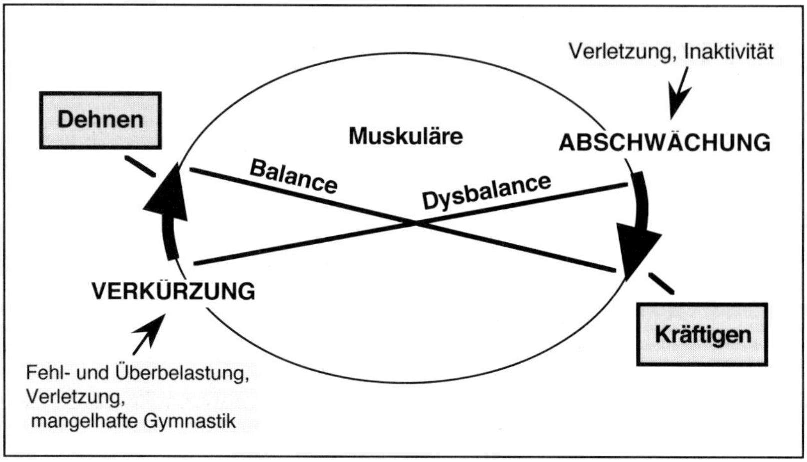

Abb 52: Muskuläres Ungleichgewicht (Dysbalance) und seine Beeinflussung.

gedehnt und abgeschwächte Muskeln gekräftigt werden (Abb.52). Methoden zur Kräftigung der Muskulatur sind im Kapitel Krafttraining (S. 68 ff) dargestellt.
Für die Dehnung der Muskulatur unterscheidet man vier verschiedene Methoden, welche jeweils zu einer unterschiedlich starken (guten) Dehnung führen (siehe Abb. 53, S. 97).

Dynamisches Dehnen - aktiv und passiv (Methode 1)

- Ausführung: Durch Federn und Wippen wird versucht, die Muskulatur möglichst weit zu dehnen (Position 1, Abb. 53). Dabei unterscheidet man aktives Dehnen durch die eigene Kraft und passives Dehnen durch die Schwerkraft oder mit Hilfe eines Partners bzw. eines Geräts.
- Anwendung: Ruckartige und nicht gehaltene Dehnung verursacht reflektorisch eine Kontraktion des gedehnten Muskels. Dieser Dehnungsreflex verhindert eine optimale Muskeldehnung, deshalb wird auf dieses traditionelle Beweglichkeitstraining heute weitgehend verzichtet. Zur Vorbereitung bestimmter sportlicher Bewegungsabläufe z.B. in der Sportgymnastik muss jedoch dynamisch gedehnt werden.

Stretching - aktiv statisches Dehnen (Methode 2)

- Ausführung: Der zu dehnende Muskel wird durch Kontraktion seiner Antagonisten aktiv in die Dehnung gebracht. In dieser "erzwungenen" muskulären Entspannung des Agonisten ist eine optimale Dehnung möglich (Position 2, Abb.53). Die Dehnphase dauert ca. 10 - 20 Sekunden, danach langsam entdehnen.
- Anwendung: Das aktiv-statische Dehnen wird häufig im Gerätturnen angewandt, um z.B. bei statischen Übungen eine extreme Dehnposition halten zu können (Grätschsitz am Barren, Standwaage).

Stretching - passiv statisches Dehnen (Methode 3)

- Ausführung: Die Dehnungsstellung wird langsam eingenommen und 10-30 sec gehalten ("easy stretch"), dabei sollte gespürt werden, wie das Spannungsgefühl allmählich abnimmt. Beim intensiven Stretch ("development stretch") wird nachgedehnt und weitere 10-20 sec gehalten (Position 3, Abb. 53).
- **Wichtig**: Die Zeitangaben sind nur Richtzeiten für den Anfang; später sollte die richtige Spannungszeit erfühlt werden.

Anspannungs-Entspannungs-Dehnen (Methode 4)

- Ausführung: Im Unterschied zu Methode 2 und 3 wird hier der Muskel in Dehnstellung ca. 3-7 sec (oder länger) angespannt. In der folgenden Muskelentspannung wird wie beim passiv-statischen Dehnen die Dehnstellung verstärkt und weitere 10 sec gehalten. In dieser Dehnstellung wird der gesamte Vorgang 2-3 mal wiederholt (Position 4, Abb. 53).
- Anwendung: Dehnen und Kräftigen von Muskeln, die durch Training oder Haltungsfehler verkürzt sind (Dysbalance).

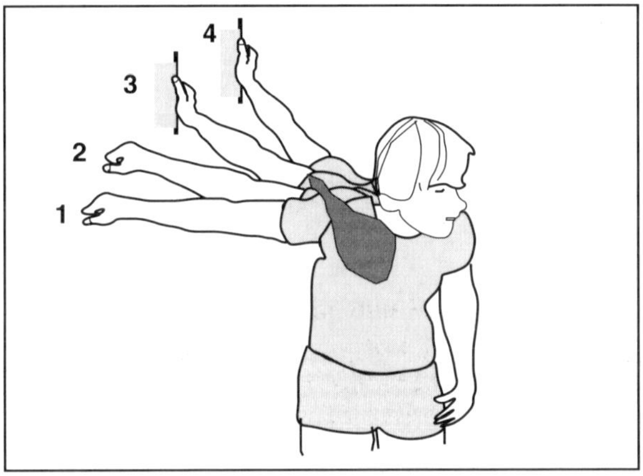

Abb. 53: Unterschiedliche Wirkung verschiedener Dehnungsmethoden.

Aufgaben

58. *Begründen Sie, weshalb die Kraftfähigkeiten und die Beweglichkeit sich gegenseitig beeinflussen.*

59. *Nennen Sie Übungsbeispiele aus dem Schulsport für aktive, passive und statische Beweglichkeit.*

60. *Sprinter lockern vor dem Startkommando die Beine hüpfend aus. Handelt es sich dabei um Überreaktion, um ein Ritual oder um leistungsfördernde Lockerung der Muskulatur? Erklären Sie Ihre Entscheidung.*

61. *Welchen Stellenwert (in %) nimmt nach Ihrer Einschätzung die Beweglichkeit in den LK-Sportarten ein?*

62. *Überprüfen Sie die verschiedenen Methoden zur Verbesserung der Beweglichkeit auf ihre Brauchbarkeit im Schulsport.*

63. *Erklären Sie am Beispiel einer LK-Sportart den Begriff "spezielle Beweglichkeit," und stellen Sie für diese Sportart ein sechsteiliges Übungsprogramm zur Verbesserung der speziellen Beweglichkeit zusammen.*

ZIELBEREICHE DES SPORTS

1. Training

Sportliches Training wird definiert als planmäßiges Üben unter leistungsfördernden Bedingungen zur Steigerung der sportlichen Leistung.

Die Tatsache, dass sich mehrere Wissenschaftsdisziplinen intensiv mit dem Problem der sportlichen Leistung befassen, zeigt, wie vielschichtig das Phänomen Training ist.
Die Biomechanik analysiert die Bewegungsabläufe, die Sportmedizin und die Physiologie befassen sich mit den biologischen Grundlagen der physischen Leistungsfaktoren und der Belastbarkeit des menschlichen Organismus sowie den Auswirkungen von Trainingsmaßnahmen. Die Sportpsychologie und die Sportsoziologie untersuchen die Person-Umwelt-Wechselbeziehungen und die zwischenmenschlichen Beziehungen im Handlungsfeld Sport.

2. Trainingsziele

Durch Training kann die individuelle Leistungsfähigkeit gesteigert, erhalten oder wiedergewonnen werden.

Der **Wettkampfsport** ist durch eine möglichst maximale Ausprägung der sportart- und disziplinspezifischen Fähigkeiten gekennzeichnet.
Im **Breiten- und Gesundheitssport** stehen die Freude an der Bewegung, die Verbesserung des sportlichen Könnens und die Festigung der Gesundheit im Mittelpunkt.
Um alle Problemfelder des sportlichen Trainings zu erfassen, muss die Trainingslehre **allgemeine Aussagen** machen, die für alle Bereiche gültig sind, für den Wettkampfsport ebenso wie für den Breiten- und Gesundheitssport.
Die Trainingslehre orientiert sich an den allgemeingültigen biologischen Gesetzmäßigkeiten und formuliert die Trainingsprinzipien und Methoden relativ. So wird z.B. 80 % der maximalen Wiederholungszahl gefordert, um ein bestimmtes Trainingsziel anzusteuern. Die **allgemeine Trainingslehre** ist **Orientierungsgrundlage für alle Trainierenden.**

3. Zielbereich Wettkampfsport

Bei der Festlegung der Trainingsziele ergeben sich je nach Sportart verschiedene Probleme, die eine konsequente Analyse und Planung nach biologischen Gesetzmäßigkeiten und Trainingsprinzipien erforderlich machen.
Einige wichtige Fragen sollen exemplarisch die Problematik der Trainingsplanung zeigen:

- Welcher Leistungsfaktor ist vorrangig?
  (z.B. beim Kugelstoß, Hochsprung, 10 000-m-Lauf)

- Welche Leistungsfaktoren sind nahezu gleichrangig zu trainieren?
  (z.B. beim Kunstturnen, 800-m-Lauf)

- Sind konkurrierende Leistungsfaktoren zu trainieren?
  (z.B. Maximalkraft und aerobe Ausdauer)

- Für welche Situationen sind welche Leistungsfaktoren erforderlich?
  (z.B. bei den Mannschaftspielen)

- Welcher Zeitraum steht für die Trainingsmaßnahmen zur Verfügung?
  (z.B. Spielsaison, Wettkampfhöhepunkte)

- Hat der Athlet spezifische Defizite?
  (z.B.in den Mannschaftsspielen im technisch-taktischen Bereich oder in Bezug auf einen physischen Leistungsfaktor)

Die Wahl der Trainingsziele hängt von der genauen Analyse der Struktur der Sportart/Disziplin, dem Leistungsprofil des Athleten und der zur Verfügung stehenden Zeit ab.

4. Zielbereich Gesundheitssport

Die sportlichen Aktivitäten sollen

- die Gesundheit fördern,
- Krankheiten vorbeugen,
- körperliche Leistungsfähigkeit erhöhen bzw. wiederherstellen,

um eine **Erhöhung der Lebensqualität** zu ermöglichen.

Die Trainingsziele sind sportart- und disziplinübergreifend und weniger differenziert als im Wettkampfsport. Der zivilisationsbedingte Bewegungsmangel wird kompensiert durch eine **allgemeine aerobe Ausdauerschulung**, eine **allgemeine Kräftigung** des ganzen Körpers und ein **allgemeines Beweglichkeitstraining.**
Differenzierter muss geplant werden, wenn es sich um Rehabilitation handelt.

In Tabelle 24 sind die wichtigsten Folgen des Bewegungsmangels zusammengefasst und die Zielrichtung der Prävention und Rehabilitation aufgezeigt.

Gesundheitszustand der Schüler		Trainingsmaßnahmen
1. Haltungsschwächen	40-60 %	Allgemeine Kräftigung, Beweglichkeitstraining
2. Leistungsschwaches Herz-Kreislauf-System	20-30%	Training der Grundlagenausdauer (s. S. 48), Freiluftsportarten
3. Koordinationsschwächen	30-40 %	Vielseitiges Bewegungstraining
4. Übergewicht	20-30 %	Vielseitiges sportliches Training (lange Belastungen)

Tab. 24: Biologisch orientierte Ziele des Gesundheitssports.

Neben den qualitativ formulierten Trainingszielen ist es auch im Gesundheitssport notwendig, quantitative Forderungen zu erfüllen. Die Trainingsreize sollen so stark sein, dass sie die Minimalforderung überschreiten (Reizschwellengesetz!) und in einer angemessenen Relation von Aufwand und Ertrag stehen (Vgl. Abb. 4, S. 8).

Aufgaben

64. *Das Motto der DSB-Aktion "Sport und Gesundheit" lautet: "Trimming 130-Bewegung ist die beste Medizin".*
Erläutern Sie diese Aktion des DSB mit Hilfe von trainingswissenschaftlichen Erkenntnissen.

65. *Stellen Sie aus zwei verschiedenen Sportspielen typische Fertigkeiten bzw. Spielsituationen zusammen und ordnen Sie die jeweils vorrangigen konditionellen Anforderungen zu. Überlegen Sie, unter welchen Bedingungen diese Spiele für den Gesundheitssport geeignet sind.*

LITERATUR- und ABBILDUNGSNACHWEIS

Bauer: Humanbiologie. cvk 1987.
Bauersfeld, Schröter: Grundlagen der Leichtathletik. Sportverlag Berlin 1986.
Blödorn: Lehrbeilage, Leichtathletik-Magazin. DLV Nr. 28/82.
Blum, Friedmann: Trainingslehre. LEU Stuttgart 1988.
Bührle: 3. Sportmedizinisches Seminar ''Kraft''. 1979.
Christmann, Fago (DVV Hg.): Volleyballhandbuch. Reinbek 1987.
Ehlenz, Grosser, Zimmermann: Krafttraining. blv 1987.
Findeisen, Linke, Pickenhain: Grundlagen der Sportmedizin für Studenten, Sportlehrer und Trainer. Leipzig 1980.
Frey: Sport, Theorie in der gymnasialen Oberstufe Bd. 1. Hofmann 1982.
Grosser, Brüggemann, Zintl: Leistungssteuerung. blv 1986.
Grosser, Ohlenz, Zimmermann: richtig muskeltraining. blv 1984.
Grosser, Starischka, Zimmermann: Konditionstraining. blv 1985.
Haag (Dassel Hg.): Fitnesstests. Hofmann 1981.
Harre: Trainingslehre. Sportverlag Berlin 1977.
Hettinger: Drittes sportmedizinisches Seminar des Württembergischen Landes sportbundes e. V. (Hg.), 1979.
Hollmann, Hettinger: Sportmedizin, Arbeits- und Trainingsgrundlagen. Schattauer 1980.
Hort: Beiträge zur Sportmedizin Bd 16. perimed 1983.
Jonath: Lexikon Trainingslehre. Reinbek 1988.
Jonath: Circuittraining. Reinbek 1985.
Jonath, Krempel: Konditionstraining. Reinbek 1984.
Kindermann et al.: Anaerobe Energiebereitstellung im Hochleistungssport Bd. 13. Hofmann 1977.
Keul: Muskelstoffwechsel, wiss. Schriftenreihe des DSB Bd. 9. J. A. Barth 1969.
Kloos: Trainingsbiologie in der Schule Bd. 11 und Bd. 12. Bagel 1986.
Knebel: Funktionsgymnastik. Reinbek 1986.
Koch: Sportkunde. Hofmann 1984.
Lemme, Weddig: Schriftenreihe zur Praxis der Leibeserziehung und des Sports Bd. 176, 1983 u. Bd. 186, 1986.
Letzelter: Trainingsgrundlagen. Reinbek 1978.
Letzelter, Letzelter: Krafttraining. Reinbek 1986.
Marees, de: Sportphysiologie. Tropon 1981.
Marees, de, Mester: Sportphysiologie Bd. I bis III. Diesterweg/Sauerländer 1981 - 1984.
Markworth: Sportmedizin 1, Physiologische Grundlagen. Reinbek 1986.
Mühlfriedel: Trainingslehre. Diesterweg/Sauerländer 1987.
Schmolinsky: Leichtathletik. Sportverlag Berlin 1971.
Weicker: 5. Sportmedizinisches Seminar des Württembergischen Landessportbundes e.V. (Hg.), 1981.
Weineck: Optimales Training, perimed 1987.
Zintl: Ausdauertraining. blv 1990.

REGISTER

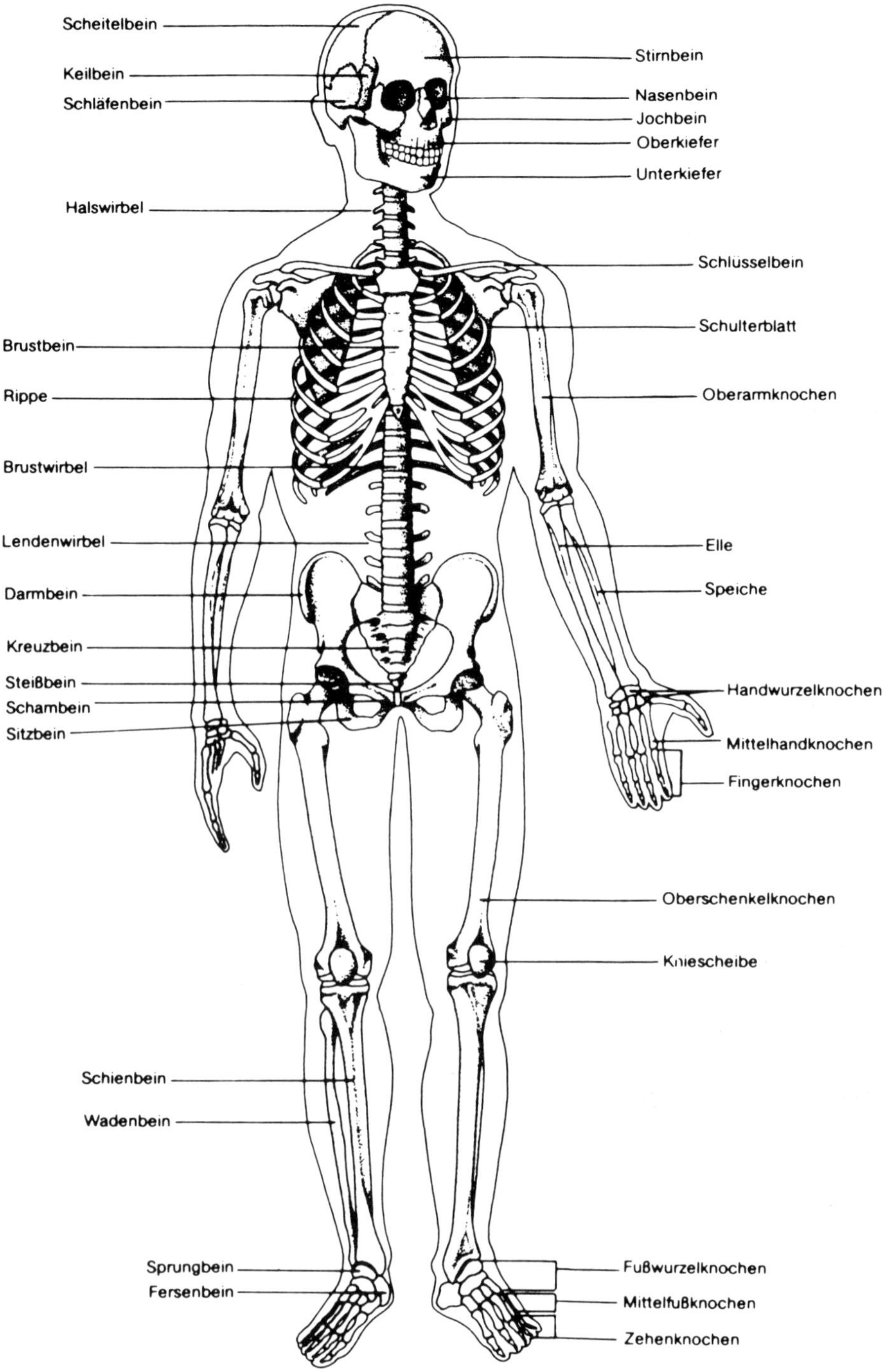

(Quelle: Bauer, Humanbiologie 1. Aufl. 1987 CVK)

Muskelfigur

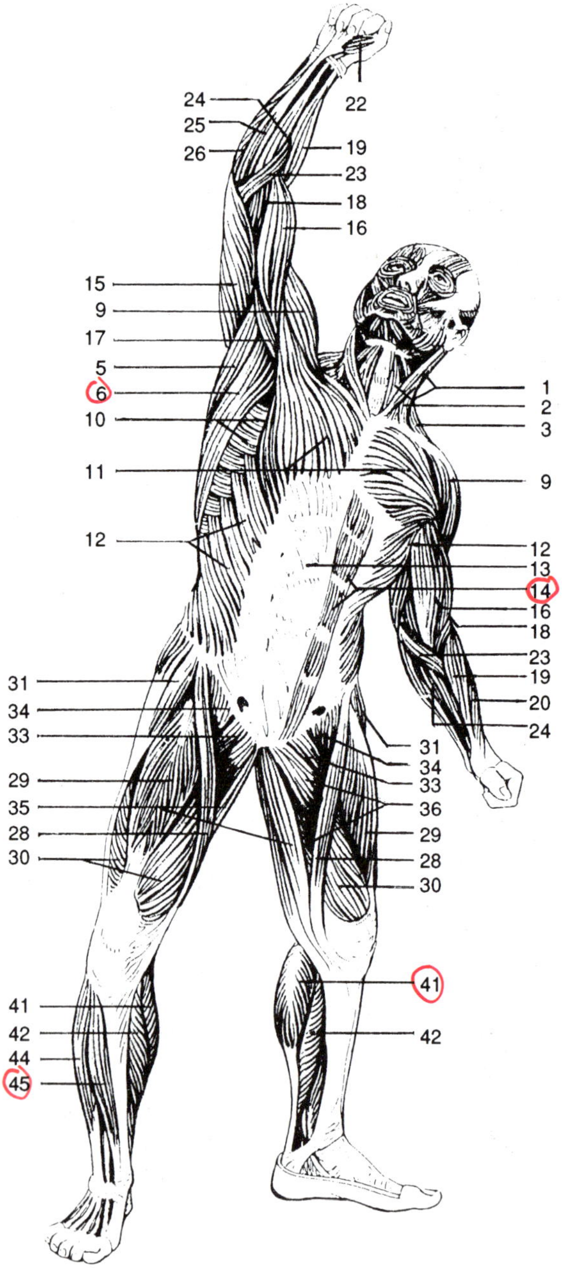

1 Kopfnicker
2 Gerade Halsmuskeln
3 Trapezförmiger Muskel

5 Großer runder Muskel
6 Breiter Rückenmuskel

9 Deltaförmiger Muskel
10 Vorderer Sägemuskel
11 Großer Brustmuskel
12 Äußerer schräger Bauchmuskel
13 Scheide des geraden Bauchmuskels
14 Gerader Bauchmuskel

16 Zweiköpfiger Oberarmmuskel

18 Oberarmmuskel
19 Brachioradialmuskel
20 Lange Speichenstrecker

22 Daumenballenmuskulatur
23 Runder Pronator
24 Radialer Beuger des Handgelenks
25 Langer Palmarmmuskel
26 Ulnarer Beuger des Handgelenks

28 Schneidermuskel
29 Gerader Oberschenkelmuskel
30 Breiter Oberschenkelmuskel
31 Faszienspanner

33 Kammmuskel
34 Lenden-Darmbeinmuskel
35 Schlanker Adduktor

41 Zweiköpfiger Wadenmuskel
42 Schollenmuskel

44 Lange Zehenstrecker
45 Vorderer Schienbeinmuskel

Muskelfigur

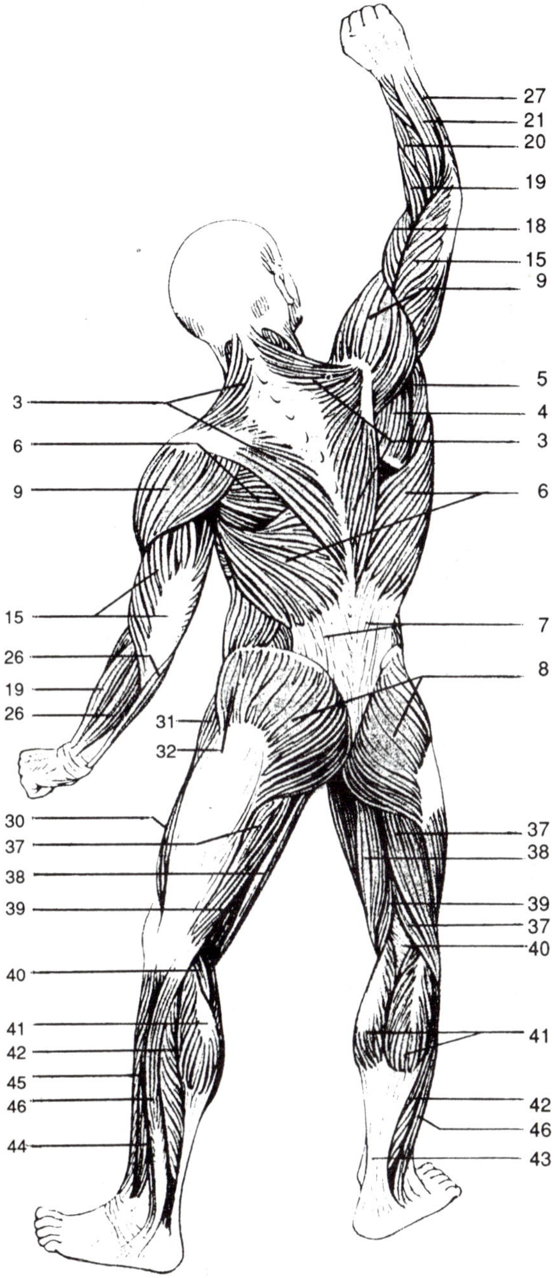

3 Trapezförmiger Muskel
4 Untergrätenmuskel
5 Großer runder Muskel
6 Breiter Rückenmuskel
7 Ursprungssehne des breiten Rückenmuskels und Rückenfascie
8 Großer Gesäßmuskel
9 Deltaförmiger Muskel

15 Dreiköpfiger Oberarmmuskel

18 Oberarmmuskel
19 Brachioradialmuskel
20 Lange Speichenstrecker
21 Fingerstrecker

26 Ulnarer Beuger des Handgelenks
27 Ulnarer Strecker des Handgelenks

30 Breiter Oberschenkelmuskel
31 Faszienspanner
32 Kleine Gesäßmuskeln

37 Zweiköpfiger Oberschenkelmuskel
38 Halbsehniger Muskel
39 Halbmembranöser Muskel
40 Plantarmuskel
41 Zweiköpfiger Wadenmuskel
42 Schollenmuskel
43 Achillessehne
44 Lange Zehenstrecker
45 Vorderer Schienbeinmuskel
46 Fibularmuskel